新潮文庫

江戸東京物語

都心篇

新潮社編

江戸東京物語　都心篇＊目次

日本橋界隈

銀座・築地界隈

丸の内・皇居界隈

神田・お茶の水界隈

江戸東京物語

都心篇

日本橋界隈

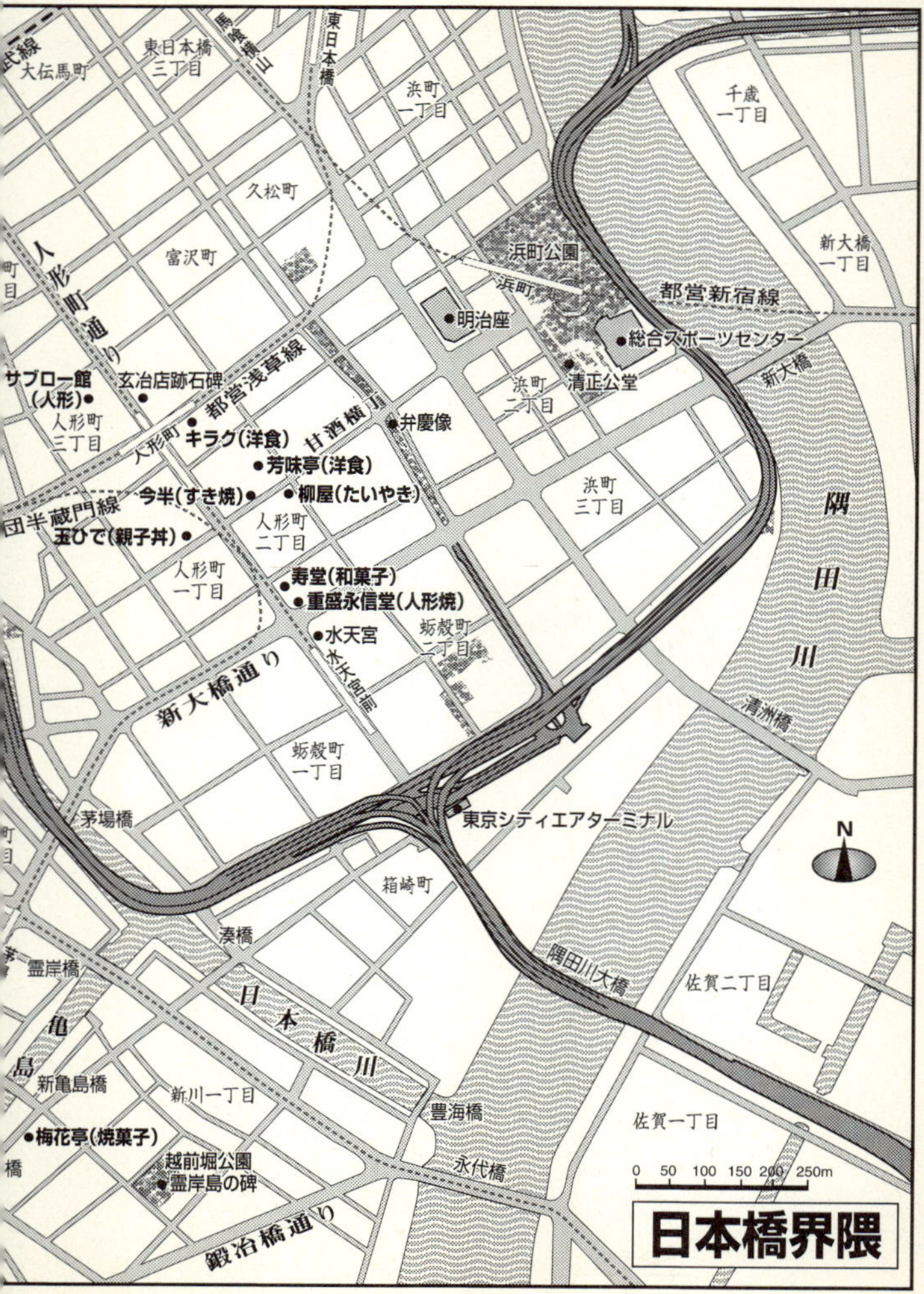

日本橋界隈
大伝馬町
東日本橋三丁目
馬喰横山
東日本橋
浜町一丁目
千歳一丁目
久松町
富沢町
人形町通り
浜町公園
浜町
新大橋一丁目
都営新宿線
●明治座
●総合スポーツセンター
新大橋
清正公堂
浜町二丁目
サブロー館(人形)●
玄冶店跡石碑
都営浅草線
人形町三丁目
人形町
●キラク(洋食)
甘酒横丁
●弁慶像
●芳味亭(洋食)
今半(すき焼)●
●柳屋(たいやき)
浜町三丁目
半蔵門線
人形町二丁目
玉ひで(親子丼)●
隅田川
人形町一丁目
●寿堂(和菓子)
●重盛永信堂(人形焼)
蛎殻町二丁目
●水天宮
水天宮前
新大橋通り
清洲橋
蛎殻町一丁目
茅場橋
東京シティエアターミナル
N
箱崎町
湊橋
霊岸橋
隅田川大橋
佐賀二丁目
亀島
日本橋川
新亀島橋
新川一丁目
豊海橋
佐賀一丁目
●梅花亭(焼菓子)
越前堀公園
●霊岸島の碑
永代橋
0 50 100 150 200 250m
鍛冶橋通り

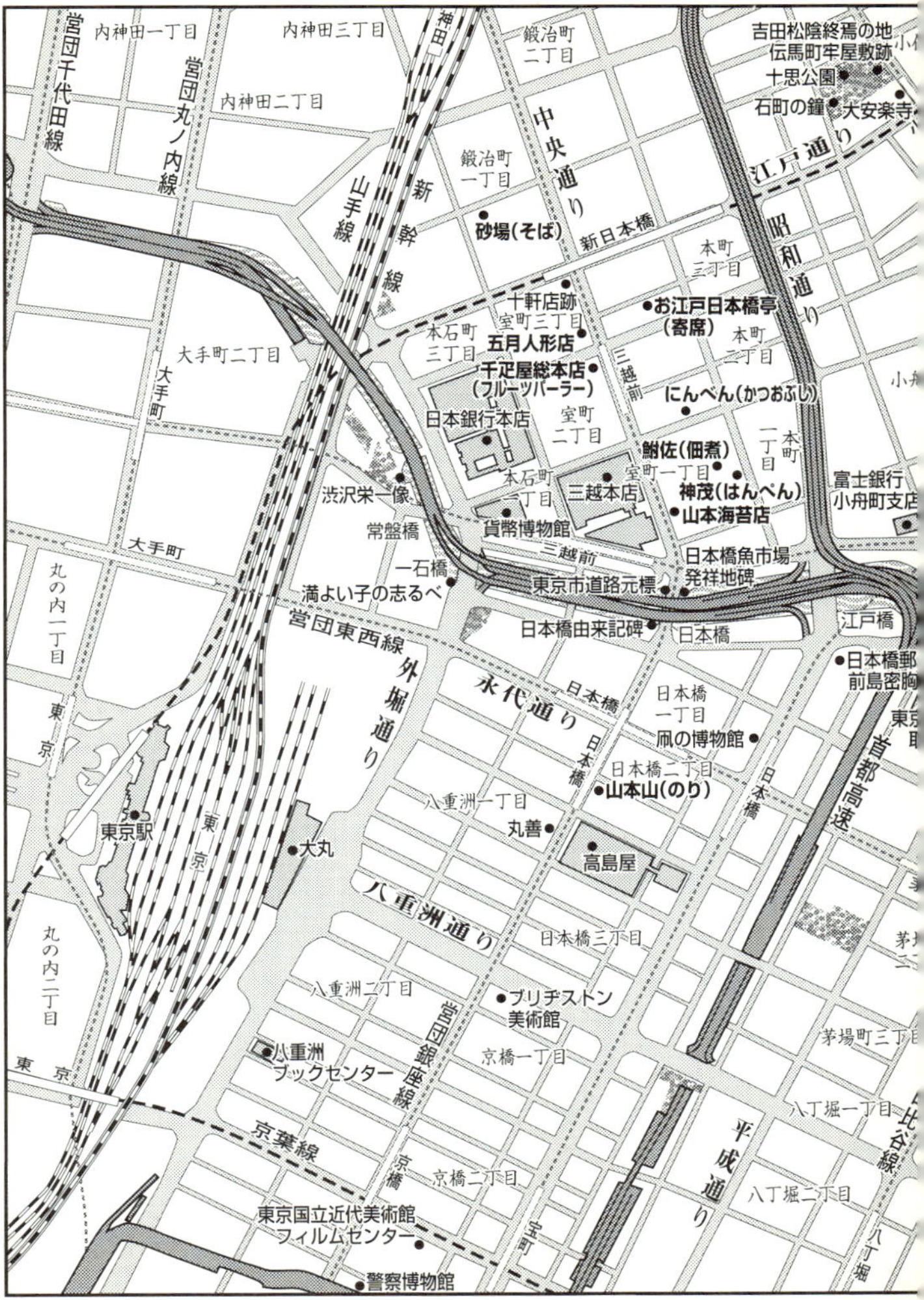

内神田一丁目
内神田三丁目
内神田二丁目
営団千代田線
営団丸ノ内線
神田
鍛冶町二丁目
鍛冶町一丁目
中央通り
山手線
新幹線
砂場(そば)
新日本橋
吉田松陰終焉の地
伝馬町牢屋敷跡
十思公園
石町の鐘
大安楽寺
江戸通り
昭和通り
本町三丁目
十軒店跡
お江戸日本橋亭(寄席)
室町三丁目
本石町三丁目
五月人形店
本町二丁目
千疋屋総本店(フルーツパーラー)
三越前
にんべん(かつおぶし)
大手町二丁目
大手町
日本銀行本店
室町二丁目
鮒佐(佃煮)
本町一丁目
室町一丁目
本石町二丁目
三越本店
神茂(はんぺん)
山本海苔店
富士銀行小舟町支店
渋沢栄一像
貨幣博物館
常盤橋
三越前
日本橋魚市場発祥地碑
大手町
一石橋
東京市道路元標
滿よい子の志るべ
江戸橋
丸の内一丁目
営団東西線
日本橋由来記碑
日本橋
外堀通り
永代通り
日本橋
日本橋一丁目
東京
爪の博物館
首都高速
日本橋
日本橋二丁目
山本山(のり)
八重洲一丁目
丸善
東京駅
東京
高島屋
大丸
八重洲通り
日本橋三丁目
丸の内二丁目
八重洲二丁目
ブリヂストン美術館
営団銀座線
京橋一丁目
茅場町三丁目
八重洲ブックセンター
東京
八丁堀一丁目
日比谷線
京葉線
平成通り
京橋
京橋二丁目
八丁堀二丁目
東京国立近代美術館フィルムセンター
宝町
八丁堀
警察博物館

道のりの総元締は日本橋

元禄《げんろく》三（一六九〇）年に長崎のオランダ商館医師として来日したドイツ人のケンペルは、日本の街道が意外によく整備されているのにびっくりしている。〈これらの街道には、旅行者に進み具合がわかるように里程を示す標柱があって距離が書いてある。江戸の代表的な橋、特に日本橋つまりヤーパンの橋と名付けられている橋を一般の基点としているので、旅行中自分たちがこの橋または首都からどれだけ離れているかを、すぐに知ることができる〉（『江戸参府旅行日記』平凡社東洋文庫）

元禄十四年三月十四日、江戸城中で浅野内匠頭《たくみのかみ》が吉良《きら》上野介《こうずけのすけ》に対して刃傷《にんじよう》に及ぶ事件が発生した。国許《くにもと》へ急を知らせるため早打ちカゴで原惣右衛門《そうえもん》らが播州赤穂《ばんしゆうあこう》へ向かった。昼夜兼行のゆられ通しで国許家老の大石良雄邸へたどりつくのが十九日。百五十五里（約六百二十キロ）を五日たらずで走っているから、一日百二十キロ強のスピードになる。

日本橋

日本橋

中央区日本橋１

最寄駅：JR「東京駅」，地下鉄東西線・銀座線・都営浅草線「日本橋駅」，半蔵門線「三越前駅」

「日本橋」の名標は徳川慶喜筆。橋のたもとには，高札場を模した「日本橋由来の碑」と「東京市道路元標」，「日本橋魚市場発祥の碑」がある

当時、東海道で一番の特急便は幕府直営の継飛脚《つぎびきやく》だ。飛脚のリレーだが、最高五十六時間つまり二日と八時間で江戸から京都まで約五百キロを駆け抜けている。〈道のりの総元締は日本橋〉と川柳にあるように、一里塚もここから数えて一里ごとに設けられ、目じるしに榎《えのき》を植えた。最初に日本橋が架けられたのは慶長八（一六〇三）年というから、徳川家康が江戸に幕府を開いた年にあたる。

江戸時代は、もちろん木橋だったから、何度も火事に遭っている。現在のルネサンス式石橋は明治四十四（一九一一）年にできたもので、長さは四十九・一メートル、幅は二十七・三メートル。欄干《らんかん》に麒麟《きりん》と獅子《しし》の青銅像が置かれ、洋灯が立つという明治期の代表的な建造物で、首都高速道路のかげに隠れてしまった現状を惜しむ人が多い。「日本橋」の文字も十五代将軍慶喜《よしのぶ》の筆で、建築技師妻木《つまき》頼黄《よりなか》（旧幕臣）が懇請して書いてもらったという。

〈箱根八里は馬でも越すが越すに越されぬ大井川〉と歌われているように、東海道の最大の難所は川だった。当時の木橋はちょっとした増水でも流されるうえ、幕府が江戸や駿府《すんぷ》（静岡市）防衛のため故意に橋をかけさせなかったからで、健脚を誇る継飛脚も早打ちカゴも、川止めに遭ったら手の打ちようがなかった。

「トウケイ」と読んだ文人派

森鷗外に史伝『伊沢蘭軒《らんけん》』がある。江戸後期の儒者である蘭軒の事蹟《じせき》を淡々と、しかも精細に叙述したもので、鷗外の史伝中の傑作である。筆は蘭軒の子孫に及んで明治時代にいたるが、そのなかで鷗外は東京を「トウケイ」と読む。

「九日（明治六年三月）。磐《いわお》は全家の東京《とうけい》に寄留せむことを静岡県庁に稟請《りんせい》し、兼《かね》て静岡に於《お》ける『留守心得』を指定した。東京《とうけい》に於ける寄留先は『第二大区十五小区麻布南日窪《ひがくぼ》町《ちょう》医師伊沢信崇《しんそう》方』……」

鷗外だけでなく、二葉亭四迷も「トウケイ」派で、有名な『浮雲』にはこんな一節がある。

「捨《すて》る神あれば助《たすく》る神ありで、文三だけは東京《とうけい》に居る叔父の許《もと》へ引取られる事になり、泣の泪《なみだ》で静岡を発足して叔父を便《たよ》って出京したは明治十一年、文三が十五に成《なっ》た春の事とか」

一般的には西の京都に対する「東の京都」という受け取り方で「トウキョウ」

日本橋界隈を闊歩する OL たち

だったが、漢詩文に親しんだ文化人の間には「トウケイ」派が多かった。これは、漢文で前漢の都・長安に対し、後漢の都・洛陽《らくよう》を東京《とうけい》という異称で読み慣らわしていたからであろう。

明治の新政府は、京都人の反発を恐れて東京への遷都《せんと》を公表しなかったが、北海道や東北地方を含めた新しい日本の首都として、ほぼ中央に位置する江戸＝東京が首都にふさわしいと考えていた。幕府の瓦解《がかい》で活気を失った東京で、新しい都市づくりが始まる。江戸の町名の整理と、新行政区の制定である。採用されたのは、思い切ったナンバー制度。パリ市がルーブル宮のある都心を第一区として「の」の字まわりに広がるように、日本橋本町《ほんちょう》が「一番組」で、京橋、芝へと五十番組が制定され、さらに大区小区制に進む。だがナンバー制は江戸っ子になじまず、明治十一（一八七八）年の改正で第一大区は麹町《こうじまち》、日本橋、京橋の各区として再生する。昭和二十二（一九四七）年三月、日本橋、京橋の両区は合併し、中央区と名づけられた。

春で朧《おぼろ》の一石橋《いちこくばし》

「雛《ひな》の節句のあくる晩、春で朧《おぼろ》で御縁日」——泉鏡花作の新派の名舞台『日本橋』は一石橋《いちこくばし》の場での稲葉屋お孝のせりふである。この芝居は、旧日本橋檜物町《ひものちょう》（現・日本橋三丁目）の花柳界を扱ったもので、古き良き時代の日本橋情緒があふれている。一石橋は、日本橋の西側に架かっている。その名の由来が面白い。

「この橋の南北に後藤氏両家（金座・後藤庄三郎。呉服所・後藤縫殿助《ぬいのすけ》）の宅ある故《ゆえ》に、その昔五斗々々といふ秀句にて、俗に一石橋と号《なづ》けしとなり」（『江戸名所図会《ずえ》』）

つまり、橋の両側に後藤家があったから、合わせて一石というわけである。言われてみればたわいないし、川柳にも〈屁《へ》のやうな由来一石橋のなり〉とある。江戸っ子の洒落《しゃれ》である。もっとも九州には、はっきりしない天気のことを「一石日和《びより》」という洒落があるそうである。「降るが如《ごと》降らぬが如」で計一石。江戸っ子の専売特許というわけでもない。

今の一石橋。すぐ近くに金座とゆかりの深い日本銀行の建物が威容を誇っているのはともかく、周囲はオフィス街で、花街情緒はかけらもない。朧月も日本橋川上を通る首都高速道路でさえぎられそうである。「この橋上より日本橋・江戸橋・呉服橋・銭瓶橋《ぜにがめばし》・道三橋《どうさんばし》・常盤橋《ときわばし》・鍛冶橋《かじばし》等を顧望《こぼう》する故に、この一石橋を加へて八橋《やつはし》と云《い》ふとぞ」（『江戸名所図会』）の展望も今は昔である。

ただ、この橋の八重洲側の西詰に、東京都の旧跡に指定されている「満《ま》よい子（迷子）の志《し》るべ」が残っていて、この界隈《かいわい》がその昔の盛り場であったことをわずかにしのばせている。

高さ二メートル近くのこの石柱は安政四（一八五七）年に建てられたもので、いわば江戸時代の告知板、迷子捜しの伝言板といってよい。右側面に「志らする方」、左に「たづぬる方」と彫ってある。同じようなものが文京区・湯島天神境内にも残っているが、いずれにしろ人出が多かったから建てられたものであるに違いない。

一石橋・満よい子（迷子）の志るべ

一石橋・満よい子の志るべ

中央区日本橋本石町 1-4

最寄駅：JR「東京駅」，地下鉄半蔵門線・銀座線「三越前駅」

明治開化を今に残す常磐橋《ときわばし》

幕末に日本を訪れた外国人が目を丸くして記録しているのが湯屋の男女混浴だ。「男も女も裸体をなんとも思わず、たがいに入り乱れて混浴している」ペルリ提督は『日本遠征記』で、このように慨嘆しているが、当時の日本人には当たり前の習慣だった。明治の新政府になると、これはやはり放っておけない問題になる。「湯屋の儀、男女入り込みはかねて禁制のところ、外国人に対して御失礼につき、厳禁たるべく候《そうろう》」という通達が出され、湯屋に対して男女の浴槽を完全に分離するように命じている。

明治五（一八七二）年の東京大火のあと、銀座ににわかに煉瓦《れんが》街が出現するのも、「外国人に対して」わが国の文明開化ぶりを見せようという新政府の懸命の努力だった。

いたみやすく燃えやすい木橋を近代化することも急務だった。明治六年ころから、東京の万世橋、浅草橋、江戸橋などが相ついで西洋風の石造アーチ橋に架け

常磐橋と日本銀行

常磐橋

中央区日本橋本石町 2

最寄駅：JR「東京駅」，地下鉄半蔵門線・銀座線「三越前駅」

橋のたもとにある常盤橋公園には，日光街道への入り口だった常磐橋門址と渋沢栄一像がある

日本銀行本店

中央区日本橋本石町 2-2-1

旧金座跡に 1896（明治 29）年建設。設計は辰野金吾

日本銀行金融研究所　貨幣博物館

中央区日本橋本石町 1-3-1　日本銀行分館内

電話 03-3277-3037　開館 9：30〜16：30 月曜・祝日・年末年始休館

かえられた。そのなかで今に残るのが、明治十年に架けられた常磐橋《ときわばし》である。

東京駅の八重洲口を出て、外堀通りを北へ五百メートルも歩くと、日本橋本石町《ほんこくちょう》の日本銀行前に出る。その日銀前の濠《ほり》に「ときわ橋」が三つ並んでいる。手前から常盤橋、常磐橋、新常盤橋となるわけだが、交通ひんぱんな両脇《りょうわき》の橋にくらべて、渡る人もない古びた真んなかの橋が明治初年の石橋を代表する由緒《ゆいしょ》のある橋なのである。

ここは徳川時代には江戸城大手外郭の正門に当たり、常盤橋御門と呼ばれる重要な関門だった。橋のたもとの公園には、今も高さ四メートルの石塁が保存され、江戸城の威容をわずかに偲《しの》ばせる。

興味深いのは、この明治初年の石橋を築いたのが、江戸の伝統を継ぐ日本の石工たちだったことである。長崎の眼鏡橋《めがねばし》以来の技術に、見よう見真似《まね》の洋風デザインを器用に取り入れて、職人の心意気が刻みこまれているようだ。

雛《ひな》市といえば日本橋十軒店《じっけんだな》

雛見世の灯を引く頃や春の雨　　蕪村

「安永七（一七七八）年、尾張町にはヒナ市がにぎわったことが記されている。もともと日本橋に大きな市があり、銀座のは規模が小さかったらしい」

昭和五十（一九七五）年、当時の銀座の老舗《しにせ》の若い経営者たちの集まり「銀芽会」が発行した『銀座わが街』の記述である。尾張町といえば、最高路線価日本一で話題となった銀座五丁目の中央通り付近である。江戸時代後期には、そこに雛市が立った。雛市のほか五月人形、羽子板の市もそれぞれの季節に立って賑《にぎ》わった。

しかし雛市では、何といっても銀座通りに続く日本橋十軒店《じっけんだな》のそれが有名だった。『江戸名所図会《ずえ》』は、その様子を次のように書いている。

「本町《ほんちょう》と石町《こくちょう》の間の大通をいふ。桃の佳節を待ち得ては、大裡《だいり》雛・裸人形・手道具等の鄽《みせ》、軒端《のきば》を並べたり。端午《たんご》には、冑《かぶと》人形・菖蒲《しょうぶ》刀こゝに市を立てて、その

日本橋十軒店

十軒店跡

中央区日本橋室町 3-2

最寄駅：JR 総武本線「新日本橋駅」，地下鉄銀座線・半蔵門線「三越前駅」

室町 3 丁目交差点の北陸銀行前には「十軒店跡」の標識。また，三越の並び，日本橋室町 3-2-17 には「玉貞人形店」が十軒店の名残をとどめる

賑ひをさをさ弥生《やよい》の雛市におとらず。又年の暮に至れば、春を迎ふる破魔弓《はまゆみ》・手毬《てまり》・破胡板《はごいた》を商ふ。共にその市の繁昌《はんじよう》言語に述べ尽すべからず、実に太平の美とも云《い》はんかし」

『図会』はこの後、「その余、尾張町・浅草茅町《かやちよう》・池の端仲町《なかちよう》・麹町《こうじまち》・駒込などにも雛市あれども、此所《ここ》の市にはしかず」とも書いている。十軒店の雛市は大江戸を代表するものだった。その場所は、日本橋の北側、現在の三越本店あたりから神田駅に向かう通りの約百メートルばかりである。ここに、両側の常設の人形店のほか、露店も二側出たという。

この雛市は明治になっても続き、若月紫蘭《しらん》の『東京年中行事』にルポ記事が載っている。「橋（日本橋）を渡って一、二丁行くと十軒店です、十軒店というのはつまり俗称に過ぎないのです、町の名ではありません」。これは紫蘭が巡査に道を聞いたときの答えである。いまはもちろん雛市は立たないが、三越の並びに「日本橋十軒店」と書いた人形店が一軒、店を構えている。

越後屋一色の駿河町《するがちょう》

天保五（一八三四）年から出版の始まった『江戸名所図会《ずえ》』には、日本橋の項で、「駿河町《するがちょう》　三井呉服店」と題した挿し絵が出ている。

道路をはさんで二階建ての商店が並んでいる。その軒先に出ている看板に「呉服物品々　現金　掛値《かけね》なし　越後屋」と大書してある。道の両側にずらりと並んだ看板がすべて同一文句であるところから、この商店街がすべて越後屋であることがわかる。遠景に江戸城の森があり、中央に富士の姿がくっきりと浮かぶ構図である。

東京のあちこちには富士見町や富士見坂の名があるが、広重も日本橋と富士の取り合わせを好んで描いた。富士山の眺望もここが極め付きという意味合いをこめて、江戸の人たちはここを駿河町と呼んだのである。

越後屋が見えそうなものと富士でいい

これは川柳だが、富士山頂から眺めても見えるのではないかと思われるくらい

三越地階売り場入口

三越本店

中央区日本橋室町 1-4-1　電話 03-3241-3311
最寄駅：地下鉄銀座線・半蔵門線「三越前駅」

「越後屋」が，日本初の“百貨店”「三越呉服店」になったのが 1904（明治 37）年。1914（大正 3）年，おなじみライオン像が新店舗にお目見えした頃，「今日は帝劇，明日は三越」のコピーが流行。1927（昭和 2）年には，日本初の自動扉式エレベーターを設置するなど，時代をリードしてきた

駿河町は越後屋一色に染められていた。

越後屋は、いうまでもなく現在の三越百貨店の前身である。延宝元（一六七三）年三井八郎右衛門高利が日本橋本町一丁目に開いた呉服店で、その祖父が越後守と称したことにちなんでの屋号だという。

当時の呉服店は、幕府諸大名や裕福な町人を相手に注文通り納品して期末に清算するという商法をとっていたが、越後屋は「現金、掛値なし」の看板通り大衆向きの商品を、注文があれば切り売りするという斬新《ざんしん》な商法で注目を集めた。

駿河町に進出したのは天和三（一六八三）年のことだが、隣では両替店も営むなど経営を多角化し、大三井へ発展する基礎が固められた。

大正三（一九一四）年に書かれた永井荷風『日和下駄《ひよりげた》』では、「繁華な市中からも日本晴の青空遠く富士山を望み得たといふ昔の眺望」をしきりに懐《なつか》しがっている。昭和七年には駿河町が日本橋室町《むろまち》一～二丁目に編入されて消滅、懐しい町名になってしまった。

小舟町《こぶなちょう》に創業した安田善次郎

明治の財界に頭角をあらわした安田善次郎が、日本橋の小舟町《こぶなちょう》に両替業、安田商店を開いたのは慶応二（一八六六）年のことである。善次郎は、いうまでもなく安田銀行（現在の富士銀行）の創業者である。

小舟町は、江戸のころ、日本橋川から分かれた西堀留川《にしほりどめ》に面し、舟運の要地だった。西隣が、かつて魚河岸《がし》のあった大船町《おおふねちょう》（のち本船町《ほんふねちょう》と改称し、昭和七年室町一丁目、本町一丁目に編入）だったのに対応する地名である。善次郎が店を開いた前の通りには下駄屋と雪駄屋《せった》が並んでいたので、俗に照降町《てりふりちょう》と呼ばれたなど、江戸っ子の町名のつけ方は洒落《しゃれ》ている。

十九歳のとき、富山から江戸に出た善次郎は、商人として三つの誓いを立てていた。

「第一は嘘《うそ》をつかないこと、第二は収入不相応の生活をしないこと、第三は純財産の十分の一以上の家屋を求めぬこと。毎朝四時に起きて、店の内外を掃除する

富士銀行創業の地

富士銀行小舟町支店

中央区日本橋小舟町 8-1

最寄駅：地下鉄半蔵門線「三越前駅」，日比谷線・浅草線「人形町駅」

1999（平成 11）年に，富士銀行は，第一勧業銀行，日本興業銀行との全面統合を発表した

のが日課のはじまりであった」（社史『富士銀行の百年』）

勤倹力行だけでなく、新知識の吸収にも積極的で、明治九年の第三国立銀行創立の際には、みずから部下二人とともに大蔵省で洋式簿記を習得した。いまでいうなら、さしずめコンピューターだろう。

新銀行は安田商店と道一つへだてて軒を並べ、「その頃第一流と称された銀行の如《ごと》きは『御用』と書いた高張提灯《ちょうちん》を掲げて厳然と構えていたのに対し、第三国立銀行は両替商の俤《おもかげ》をそのまま継承して、店の前に商店風のノレンを垂れ、顧客が気軽に出入りできるようにした」というから善次郎の面目躍如だ。

安田商店も、明治十三年に安田銀行となり、この両行が富士銀行発展の母胎となる。大正十一年に本店は丸の内に移るが、発祥の地はいまも富士銀行小舟町支店として由緒を誇る。善次郎は、ただの働き蜂《ばち》ではなく、社会奉仕を重視した。日比谷公会堂のある市政会館、文京区本郷の東大安田講堂はその寄付によっている。

伝馬町牢《ろう》屋敷と「石町の鐘」

地下鉄日比谷線の小伝馬町駅を出ると、すぐ北側に小ぢんまりした公園がある。中央区立十思《じっし》公園で、公園入り口前には大安楽寺、身延別院の二つの寺が並んでいる。公園の名は隣接している区の施設の十思スクエアの前身で、平成二年に廃校となった十思小から付けられた。明治十年開校の十思小の名は、当時東京に実施されていた大区小区制の「第十四小区」と、中国の史書『資治通鑑《しじつがん》』の中の「十思の疏《そ》」に由来するという。

ここは時代劇でおなじみの江戸日本橋伝馬町牢《ろう》屋敷があったところである。江戸の牢屋敷は、初め常盤橋《ときわばし》付近にあったが、慶長年間（一五九六〜一六一五年）にこの地に移された。以来、明治八（一八七五）年に市ケ谷囚獄ができて廃止されるまでの約二百七十年間に数十万人が投獄され、一万人以上が刑死したと伝えられる。

幕末史上有名な安政の大獄（一八五八年）で捕えられた吉田松陰、橋本左内、

十思公園　時の鐘

大安楽寺

中央区日本橋小伝馬町 3-5　電話 03-3661-4624

十思公園

中央区日本橋小伝馬町 5-2

最寄駅：地下鉄日比谷線「小伝馬町駅」，JR「新日本橋駅」

頼三樹三郎らもここで刑死した。公園内には「吉田松陰先生終焉《しゅうえん》之地」の石碑があり、「身はたとひ武蔵《むさし》の野辺に朽ぬとも留置《とどめおか》まし大和魂」の辞世の歌が刻まれている。

牢屋敷の敷地は約八千八百平方メートルで、公園、小学校、二寺を含む一帯にわたっていた。その西南の一隅約千六百平方メートルは、牢屋敷を預かっていた石出帯刀《たてわき》の屋敷になっていた。

廃止後の跡地は、しばらく荒廃したままだった。公園も造られたが、前が前だけに市民も不浄地として寄りつかなかった。そこで明治十五年、大安楽寺が建立《こんりゅう》された。建立費を出したのは、大成建設の前身大倉組の創立者大倉喜八郎と、富士銀行の前身安田銀行の創立者安田善次郎で、寺名は二人の頭文字を取って付けられたといわれる。

公園内には、江戸の時の鐘の一つで、宝永八（一七一一）年に改鋳された「石《こく》町《ちょう》（日本橋室町四丁目付近）の鐘」が、いまなお〝現役〟のまま保存されている。この鐘は、牢屋敷で斬罪《ざんざい》があるときは、わざと時を遅らせてついたものだったという。

茅場町《かやばちょう》、荻生徂徠《おぎゅうそらい》、宝井其角《きかく》

荻生徂徠《おぎゅうそらい》といえば、江戸中期の儒学者だが、この人、朱子学を徹底的に批判する戦闘的な学風のわりに、苦労人だったためか、エピソードが多い。

徂徠の父は館林《たてばやし》侯、徳川綱吉（のちの五代将軍）の侍医。綱吉の怒りにふれて父が江戸お構い（追放）となったため、十四歳の時から父が赦免される二十五歳まで上総《かずさ》国本納《ほんのう》村（千葉県茂原《もばら》市）で不自由な農村生活を体験した。ようやく江戸に戻ったものの赤貧洗うような生活で、毎日おからばかり食べながら学問を続けていたというので、気っぷのいい豆腐屋から奨学援助を受けた話が講談になっている。

綱吉の側近として権勢を振るった柳沢吉保《よしやす》に仕えたころから芽が出るが、そのきっかけも一つの物語になっている。

柳沢の知行所である川越で、生活に困った農民の一人が妻を離婚したうえ出家して母親と放浪の旅に出た。熊谷か鴻巣《こうのす》の辺りまで来たところで病気になった母を、その農民が置きざりにするという事件が発生した。

柳沢から意見をきかれた側近たちは「これは親棄《す》てという重大な犯罪だ」と答えたが、新参の徂徠の意見は違った。

「この農民はまず妻に暇を出したうえ母を連れて家を出ているのだから、一概に親棄てとはいえないのではないか」と述べたうえ、「こんな領民を出したのは代官や郡《こおり》奉行に責任がある。その上の家老にも責任があるし、その上の殿様にも……」と暗に柳沢の責任まで問いかねぬ調子だったので、柳沢も膝《ひざ》を打って農民の罪を許したという。

徂徠、通称は惣《そう》右《え》衛門《もん》、日本橋茅場町《かやばちょう》に住み、書斎を蘐園《けんえん》と名づけた。「蘐」は「かや」のことである。このころ茅場町には俳人宝井其角《きかく》もいて、その句と伝えられた「梅が香や隣は荻生惣右衛門」(実は蕉風の俳人の一人、松木桂林《けいりん》の作)がある。

茅場町の地名は、カヤ(茅)、ヨシ(葭)からヨシズなどをつくる製造販売業者が集まっていたためだが、現在では証券、金融機関の集中するビル街になっている。

茅場町ビル街

雄気堂々、渋沢栄一と兜町《かぶとちょう》

「海運橋ぎわの渋沢邸は、川に面した南欧風の白い洋館である。堂々としたつくりで、水に映るその姿は、いかにも文明開化の尖端《せんたん》を行く実業家の邸《やしき》にふさわしかった」

明治十年代の日本橋兜町《かぶとちょう》。明治の実業家、渋沢栄一の生涯を生きいきと描いた城山三郎の小説『雄気堂々』（新潮文庫）の一節だが、この海運橋ぎわには文字通り開化期を代表する建築があった。

それは、日本最初の銀行、第一国立銀行である。

功成り名遂げても「武州血洗島《ちあらいじま》（埼玉県深谷市）の一農夫」と出自を飾らなかった渋沢は、同時に農民や商人が官僚や政治家に卑屈になることを極端にきらった。幕末の攘夷《じょうい》運動から一転して一橋慶喜《よしのぶ》（のちの十五代将軍）に仕え、一八六七（慶応三）年のパリ万国博に将軍名代として渡航する徳川昭武に従ってフランスに渡った渋沢は、予想もしなかった文明社会に目を見はる。維新後、帰朝した

立会場内を蟻のように動き回る場立ちの証券マン

東京証券取引所

中央区日本橋兜町 2-1　電話 03-3666-0141（代表）

最寄駅：地下鉄東西線・日比谷線「茅場町駅」，都営浅草線「日本橋駅」

見学可能時間 9：00〜16：00　土・日・祝祭日・年末年始休

日本初の銀行，第一国立銀行が設置されたのも兜町。「銀行発祥の地」の標識は現在，第一勧業銀行兜町支店（兜町4-3）の外壁に。第一国立銀行頭取を務めた渋沢栄一の生涯を辿りたければ，JR 京浜東北線「王子駅」近く飛鳥山公園内の渋沢史料館へ（電話 03-3910-0005）

渋沢は、新知識を買われて大蔵次官に相当する大蔵少輔《しょうゆう》にまで栄進するが、上司の財政に対する無理解に愛想を尽かして、実業界に身を投ずる。その波瀾《はらん》万丈の詳細は小説にゆずるとして、野に下った渋沢が颯爽《さっそう》と洋服姿で通ったのが、国立第一銀行である。

国立第一銀行は、明治六年に創設された。下層に青銅の列柱をめぐらし、上層が天守閣そっくりという高さ三十六メートルの異様な和洋折衷建築は、当時の東京新名所の一つに数えられ、開化錦絵《にしきえ》の題材にもなった。

バンクの訳字に「銀行」を当てた発案者は渋沢という通説には異説もあるが、大蔵省でわが国初の銀行条例なるものを作りあげる責任者だったのが当の渋沢だったことは間違いない。

兜町の地名については、源義家が武運を祈願して自分の兜で塚を築いたなど古くからある兜塚の伝承にもとづいているが、明治四年以来の由緒《ゆいしょ》ある町名。明治十一年に東京株式取引所（現・東京証券取引所）が開設され、兜町は証券業界の代名詞になった。

大火で利した異色の材木商

霊岸島《れいがんじま》。もとは霊巌島と書いた。江戸初期の寛永元（一六二四）年に八丁堀の東方にひろがる沼地を霊巌上人が拝領して、霊巌寺を建立《こんりゅう》したのに由来するからである。

現在の町名は、中央区新川。これは島の中央を横切って流れていた川の名から出ている。いまは、日本橋茅場町《かやばちょう》から永代橋へ向かう永代通りの両側にビルや住宅が建ち並び、ここが島とは思えない。ただ、途中に亀島《かめじま》川に架かる霊岸橋があり、この亀島川がかろうじて島の区切りを残している。

地名の起源となった霊巌寺も、明暦の大火（一六五七年）のあと、大川（隅田川）を越えて江東区深川に移転している。

明暦の大火は、江戸城の大天守をはじめ徳川家康の入国いらい築きあげられた江戸の町の六割を焼き尽した。幕府はもちろん武家、町人のショックは大きかったが、この大火で巨利を占めたのが材木商の河村瑞賢《ずいけん》（または瑞軒）である。

霊岸橋

梅花亭（焼菓子）

中央区新川 2-1-4　電話 03-3551-4660

最寄駅：地下鉄東西線・日比谷線「茅場町駅」

営業 9：00〜18：00（土曜 15：00）日曜・祝日休

1850（嘉永 3）年創業。日本初の洋風焼菓子「亜墨利加饅頭」や，「切山椒」，「三笠山」，「銅鑼焼」などが有名。散歩中の一休みに最適

瑞賢といえば、東北地方の米を江戸へ廻送する東回り（太平洋側）航路の開発・整備や、淀川《よどがわ》水系の治水工事に手腕を発揮した異色の商人である。

伊勢（三重県）の生まれで、十三歳のとき江戸に出たが、車夫、人夫、漬物屋などを転々として一向に芽が出ない。関西で一旗あげようと、夜逃げ同然で小田原まで来たところ、一人の老人に会った。この老人が、「せっかくの福相なのに、金の落ちている江戸に背を向けて逃げ出すとは……」と言ったのに発奮、その場で引き返した。

品川に着いたのが盆の十六日。ちょうどお精霊《しょうりょう》流しで、海岸一面にウリやナスが浮いている。人を使ってこれを拾い集めて塩漬けにし、団子を加工して、たちまちお精霊成金になったという伝説がある。

明暦の大火の際には、抜け目なく木曾《きそ》の材木を買い占め、両国橋の建設、浅草《せんそう》寺《じ》修築など江戸復興の中心的存在になった。豪壮な邸宅を霊岸島に営み、元禄十二（一六九九）年、そこで世を去った。

花魁《おいらん》と芝居の人形町

いまではとても想像できないが、江戸時代、それも初期の頃の日本橋人形町界《かい》隈《わい》は、現在の新宿歌舞伎町《かぶきちょう》そこのけの一大歓楽街だった。遊廓《ゆうかく》と劇場街が相接してあったからである。

遊廓は吉原《よしわら》のことで、『江戸名所図会《ずえ》』に「吉原町の旧地」として「和泉《いずみ》町・高砂町・住吉町・難波町等、その旧地なり」とある。現在の人形町二〜三丁目と日本橋富沢町にかけての地域で、元和《げんな》三（一六一七）年に開設された。

それ以前、江戸の遊女街は麴町《こうじまち》や鎌倉河岸《がし》など江戸城近辺に散在していた。これを一か所にまとめようということで、小田原北条家の浪人で遊女屋を経営していた庄司甚右衛門《じんえもん》が幕府に願い出て二町四方の土地を与えられたのが、この吉原である。葭《よし》が生えていた湿原を切り開いて造ったので、初め「葭原」と名付けられたが、後に縁起をかついで「吉原」と改められた。

ところが、この吉原も江戸の繁盛《はんじょう》につれて中心街に遊廓があるのは好ましくな

人形町２丁目に残る昔の置屋さん

水天宮通りから明治座へ向かって甘酒横丁を歩くと，途中でみどり通りと交差する。そこに，芝居街があった時分を偲ぶ『勧進帳』の弁慶像と関所風の冠木門がある

玉ひで（しゃも料理）

中央区日本橋人形町 1-17-10　電話 03-3668-7651
最寄駅：地下鉄日比谷線・都営浅草線「人形町駅」
創業 1760（宝暦 10）年。「親子丼」の元祖としても有名いということで、幕府から移転命令が出た。折から明暦三（一六五七）年の明暦の大火で吉原も焼けてしまい、当時の江戸の辺境浅草の一画にそっくり移った。新吉原である。これに対して旧地を元吉原というようになった。

吉原が江戸も初期の段階で人形町地域から移転したのに対し、劇場街は天保《てんぽう》の改革で浅草猿若町《さるわかまち》に移るまでの約二百年間、現在の人形町三丁目の西側地域にあって繁盛を続けた。

江戸の興行街は、初め、現在の日本橋丸善付近の中橋《なかばし》にできたが、ここが寛永五（一六二八）年の火事で焼け、同九年、猿若座（後の中村座）などの芝居小屋は禰宜町《ねぎちょう》、いまの人形町の北に接する堀留町《ほりどめちょう》付近に移った。

さらに慶安四（一六五一）年、南側の堺町《さかいちょう》に移った。ここにはすでに別の芝居小屋もできており、興行街として大きく発展した。後にここは堺町と葺屋町《ふきやちょう》に分かれ、それぞれに中村座、市村座があって繁栄を誇った。

お富・与三郎の玄治店《げんやだな》

人形町商店街から東へ二本目の道を大門通りという。元吉原の大門に通じる道だったからである。このように江戸時代初期にあった吉原の名残をとどめる人形町だから、明暦の大火でなくなった遊廓《ゆうかく》より百八十年余り後まであった堺町《さかいちょう》・葺屋町《ふきやちょう》の芝居町の面影が残っているかといえば、残念ながらそれはない。しかし、芝居にゆかりの深い場所がそれとは別に、人形町にはある。

〈粋《いき》な黒塀、見越しの松に〉と一世を風靡《ふうび》した歌謡曲「お富さん」でさらに有名になったお富、与三郎の再会の場・玄治店《げんやだな》は日本橋の新和泉《いずみ》町、現在の人形町三丁目にあり、人形町交差点のやや北方の東側歩道脇《わき》に「史蹟《しせき》玄治店」の石碑が建っている。昭和四十三（一九六八）年、明治百年を記念して地元の町会が建てたものである。

玄治店は、このあたりが幕府の医師岡本玄冶法印の拝領地だったところから付いた地名で、古くから芝居関係者や、あるいはお富のような囲い者が多く住んでいたといわれる。その昔は遊廓の一部だった地域だから、伝統的に粋な場所であったわけである。

お富、与三郎の話は、長唄《ながうた》の家元・四代目芳村伊三郎の若い頃のエピソードを元に、初めは講談に仕組まれた。さらにこれが三代目瀬川如皐《じょこう》によって歌舞伎《かぶき》に書きおろされた。『与話情浮名横櫛《よわなさけうきなのよこぐし》』で、嘉永《かえい》六（一八五三）年三月、中村座で八代目市川団十郎の与三郎、四代目尾上《おのえ》菊五郎のお富で初演された。

初演でも評判を取った芝居だが、大正から昭和初期にかけて十五代目市村羽左衛門、六代目尾上梅幸の〝夫婦〟役者に蝙蝠安《こうもりやす》の四代目尾上松助を加えたトリオの名演技が、この「切られ与三」をさらに有名芝居にした。それも玄冶店の場だけがしばしば独立して上演され、その名を高くした。

もっとも、芝居では「玄冶店」ではなく「源氏店」である。幕府をはばかって江戸を鎌倉として脚色したからである。だが、源氏店が実際は玄冶店であることは、初演のときから観客は先刻承知だった。

思い出の玄冶店

玄冶店跡石碑

中央区日本橋人形町 3-8-2

最寄駅：地下鉄日比谷線・浅草線「人形町駅」

ジュサブロー館

中央区日本橋人形町 3-6-9　電話 03-3661-0035

最寄駅：地下鉄日比谷線・都営浅草線「人形町駅」

開館 10：00～17：00 水曜休館

他ジャンルとのコラボレーションも多い人形師・辻村寿三郎氏のアトリエ兼展示館。月に１回，人形劇が上演される

明治座の系譜をたどれば

天保《てんぽう》の改革まで芝居街があった人形町地区は、明治になって芝居との縁が復活した。人形町商店街の真ん中を貫く甘酒横丁を東へ進んで清洲《きよす》橋通りに出ると、役者の幟《のぼり》が隅田川の川風にはためいている。今は他の芝居がかかることが多いが、もともとは歌舞伎の劇場である明治座で、百年以上の歴史を誇る。

現在の浜町《はまちょう》に建ったのは関東大震災後の昭和三年で、それ以前はもっと人形町寄りの久松町《ひさまつちょう》旧浜町川（現在の浜町緑道）のほとり、久松警察の前あたりにあった。ここに最初に開場したのは明治六（一八七三）年のことである。

幕末、両国橋の東西は盛り場で、小屋掛けの芝居や見世物小屋、飲食店が建ち並んでいた。その中で西側の広小路に「三人兄弟の芝居」というのがあった。元アメ売りの富田角蔵、福之助、金太郎の三兄弟が合同一座を作っていたからで、これが明治座の〝先祖〟である。久松町移転は明治維新で劇場建設の制限がゆるめられたからで、三人兄弟の芝居は「喜昇座《きしょうざ》」と改称して新しいやぐらを揚げた。

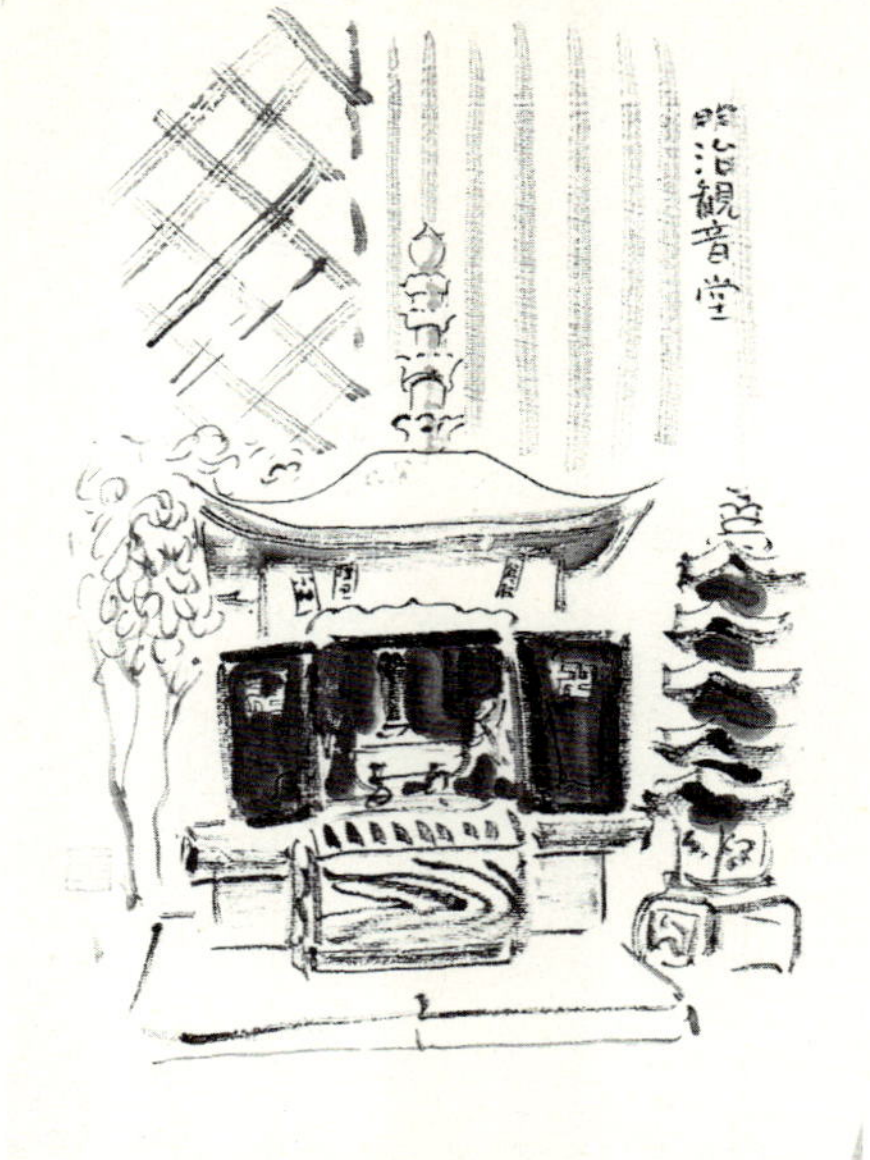

明治座が建立した明治観音堂。
東京大空襲犠牲者の霊を慰める

明治座

中央区日本橋浜町 2-31-1　電話 03-3660-3939

最寄駅：地下鉄日比谷線・都営浅草線「人形町駅」，都営新宿線「浜町駅」，半蔵門線「水天宮前駅」

ベテラン俳優や大物歌手の座長公演が中心

しかし、この喜昇座はまだ急ごしらえの粗末な建築で、当時の一流の役者は出演しなかった。このため、大芝居を上演できるような劇場に改築することになり、明治十二年、座名を「久松座」と改めて新築開場した。

「さて出来上つた当座の構造を見ますと、万事が新富座を模《うつ》したもので、屋根はトタンで張つて、屋上に納涼場を設け、随意に看客《けんぶつ》が昇れるやうに作り、座の左右へは運動場を設け、樹木の植込、噴水など、すべて夏向に適するやうな設備でした」（木村錦花著『明治座物語』）

ところが、この新劇場は翌年火事で焼けてしまう。このため裏通りに仮り小屋を建てての苦難の興行が続く。これが門口十八間、奥行き二十五間五尺の東京一の劇場として再建、開場したのは明治十八年で、このとき座名を「千歳座《ちとせ》」と改めた。だが千歳座も五年後に火事に遭う。

「明治座」と改称、復興したのはさらに三年後、明治二十六年のことである。

初めて芝居に電灯を使う

幕末の両国広小路の「三人兄弟の芝居」に始まった明治座は、「喜昇座」「久松座」「千歳《ちとせ》座」と座名の変遷《へんせん》を経て、明治二十六（一八九三）年からようやくその名が定まった。もっとも明治座としてスタートする以前、座名が「日本橋座」で登記されたことがある。これが「明治座」と改められたのは、新劇場の事実上の座主に初代市川左団次がなったからである。

左団次は、九代目市川団十郎、五代目尾上菊五郎と並んで「団菊左」と呼ばれた明治の名優である。しかし団、菊と違って役者の名門出身ではないため、劇場を持って芝居の世界では最高の座主になりたいと思っていた。明治の頃まで、劇界で「旦那《だんな》」と呼ばれるのは座主・太夫元《たゆうもと》に限られ、それ以外はどんな名優でも「親方」といった。だから結果的に左団次は旦那となったが、左団次より役者の腕前は上だった団、菊は親方止まりだったのである。

ともあれ新劇場の明治座は、屋根が全スレートぶきというのがご自慢で、総坪

明治座

数は八百四坪、建坪七百四十一坪、定員千二百余人の大規模なものだった。この明治座は、以後新派の川上音二郎の『オセロ』上演、茶屋出方を廃止しての切符制度導入など、明治時代としてはびっくりするような革新的興行を行なった。成功もあれば時期が早過ぎて失敗したものもあるが、革新は同座の伝統でもある。

千歳座時代に日本の劇場として初めて電灯を使ったのは、そのさきがけをなすものだった。明治二十年八月興行のことで、木村錦花著『明治座物語』は次のように書いている。

「此《こ》の芝居で初めて電灯を用ひました。アーク灯を外廻《そとまわ》りに四ケ所、土間の天井へ二ケ所、左右の運動場並びに舞台とも大小四十余ケ所、然《しか》し楽屋までは経費が許さないので、従前通り瓦斯《がす》を用ひて居ました。……然《しか》し電光の明るさには、場内一層美観を呈し、『宛然《えんぜん》白昼の如し』と言つて看客《けんぶつ》は驚きました」

劇場電灯事始めである。

どうで有馬の水天宮《すいてんぐう》

人形町の繁栄と切っても切れない縁にあるのが、安産の神様として誉れの高い水天宮《すいてんぐう》である。場所は蛎殻町《かきがらちょう》になるが、人形町南端の抑え的存在といえる。『新版大東京案内』も「人形町界隈《かいわい》」の説明を「市電を降りて、まず水天宮にお詣《まい》りする」と同神社から始めている。

もっとも同書の記述は関東大震災から間もない頃なので、いささか気勢が上がらない。

「その水難の神、安産の神、水商売一切に御利益《ごりやく》のあらたかな神さまも、浅草観音の真似《まね》は出来ないとみえて、震災に焼失してしまつたため、大分信者が減つてしまつたらしい。鈴の音、拍手は朝から絶えないが、賽銭箱《さいせんばこ》に落ちる金の高はどんなものか」といったような具合である。しかし、この震災、さらに後年の戦災もくぐり抜けて、水天宮は昔に変わらない繁栄を取り戻している。

ただ、水天宮がこの地に鎮座したのは、そんなに古いことではない。水天宮は

水天宮

水天宮

中央区日本橋蛎殻町 2-4-1　電話 03-3666-7195

最寄駅：地下鉄半蔵門線「水天宮前駅」，日比谷線・都営浅草線「人形町駅」

安産の神様として知られる。5 月 5 日の大祭のほか，毎月 5 日に開かれる縁日では，水天宮通りに露店が並び，賑わいを見せる

もともと九州久留米にあったもので、文政元（一八一八）年、その地の藩主有馬氏が江戸の芝赤羽にある藩邸に分社し、毎月五日に一般公開した。「どうで有馬の水天宮」「そうで有馬の水天宮」という江戸の地口は、ここから生まれたわけである。

これが、赤坂の有馬邸を経て明治五年十一月、現在地に遷《うつ》された。『東都歳事記』には「世に尼御前と称す。祭神　詳《つまびらか》ならず。……此《この》御神は専《もっぱ》ら水難を守らせたまふが故《ゆえ》、都下に霊験を得るもの多し」とある。詳でないという祭神は、実は天御中主神《あめのみなかぬしのかみ》、安徳天皇、建礼門院、平清盛の妻二位の尼の四体である。

この祭神からは水難の神様の色彩が濃いが、どうして安産の評判が高くなったのだろう。これには有馬家の先祖が〝犬公方《くぼう》〟の綱吉にかわいがられたことから同家と犬の縁が深く、犬は安産ということでそうなったという説がある。

いずれにしろ、水天宮は有馬家と縁が深く、昭和二十八年までは同家の私有社だった。

『明治一代女』の浜町河岸《がし》

明治座の正面を横切って東に突き当たると、浜町公園が広がっている。関東大震災後の東京の復興計画によってできたもので、『新版大東京案内』は「これは錦糸、隅田の二園と共に復興局計画の三大公園の一つ。たしかにモダンパーク。樹木と道路との調和美、向うは大川端で、漫歩、思索、嬉戯《きぎ》、いづれにも理想的である」と書いている。

現在、大川端の上には高速道路が走り昔の風情《ふぜい》はないが、堤防上に設けられたサイクリングロードの上に立てば、隅田川を一望に収めることができる。

この公園名にもなっている浜町の名は、明治の初めまでは通称だった。その昔文字通り浜辺だったところから付いた名で、江戸時代は大名屋敷が建ち並んでいた。正式に町名となったのは、明治五年のことである。そして浜町といえば、いまも『明治一代女』の歌や芝居で有名な花井お梅の箱屋殺しに触れないわけにはいかないだろう。

明治二十年六月九日の夜、日本橋区浜町河岸《がし》で、待合「酔月」の女将《おかみ》花井梅が箱屋の峯吉《みねきち》こと八杉峯三郎を出刃包丁で刺殺して久松警察に自首した。これが事件のあらましで、実際は色恋沙汰《ざた》が原因で起こったものではなく、『警視庁史』は次のように記している。

「この事件は、お梅がかつては新橋で、水の滴《したた》るような美人であったことや、当時日本橋の『待合酔月』の女将であることなどから、世の好事家《こうずか》が艶聞《えんぶん》を絡《から》ませて、歌や芝居に仕組んだため、当事の(ママ)市井《しせい》を風靡《ふうび》した有名な事件であったが、このときの公判記録によるとそれほど興味深い内容ではなかったようである」

無期懲役となった判決文によると、お梅は「酔月」の経営をめぐって実父の専之助と対立、実父に味方した峯吉を恨んで殺した、とある。お梅は判決を不服として上告したが棄却されて服役。明治三十六年、特赦で出所し、浅草で汁粉屋を開業したり寄席にも出たが、晩年は落ちぶれて大正五年十二月に没した。五十四歳だった。

日本橋浜町公園

浜町公園

中央区日本橋浜町 2-59-1

最寄駅：都営新宿線「浜町駅」

公園内にある清正公堂には，加藤清正が祀られている。1861（文久元）年に熊本藩主細川斉護が熊本市日蓮宗本妙寺から勧請した

銀座・築地界隈

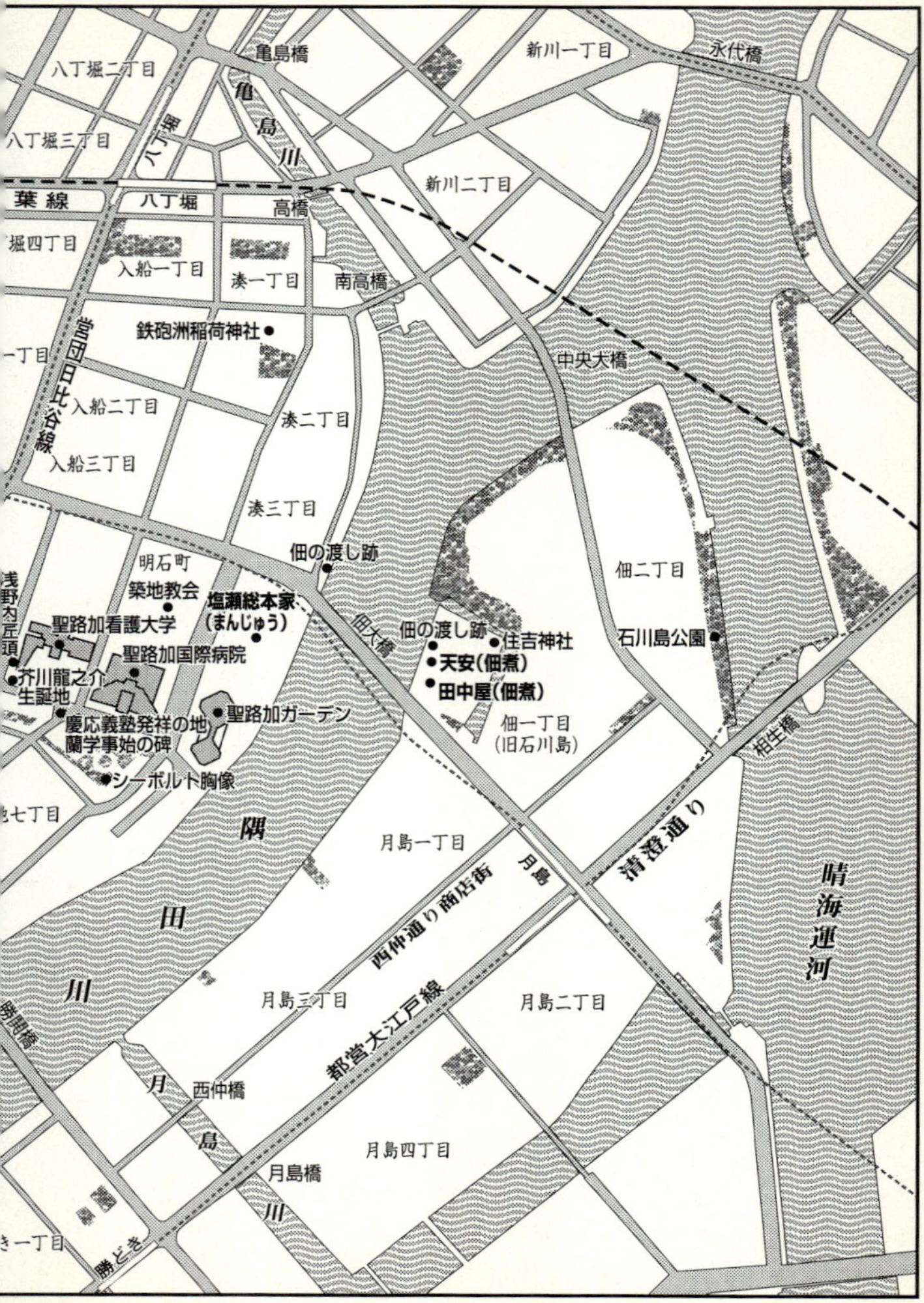

亀島橋
新川一丁目
永代橋
八丁堀二丁目
亀島川
八丁堀三丁目
八丁堀
新川二丁目
葉線
八丁堀
高橋
堀四丁目
入船一丁目
湊一丁目
南高橋
営団日比谷線
鉄砲洲稲荷神社
一丁目
中央大橋
入船二丁目
湊二丁目
入船三丁目
湊三丁目
佃の渡し跡
明石町
築地教会
塩瀬総本家
(まんじゅう)
佃二丁目
浅野内匠頭
聖路加看護大学
佃大橋
佃の渡し跡
住吉神社
石川島公園
聖路加国際病院
天安(佃煮)
芥川龍之介
生誕地
田中屋(佃煮)
聖路加ガーデン
慶応義塾発祥の地
蘭学事始の碑
佃一丁目
(旧石川島)
相生橋
シーボルト胸像
地七丁目
清澄通り
隅田川
月島一丁目
月島
晴海運河
西仲通り商店街
月島三丁目
都営大江戸線
月島二丁目
西仲橋
月島川
月島四丁目
月島橋
き一丁目
勝どき

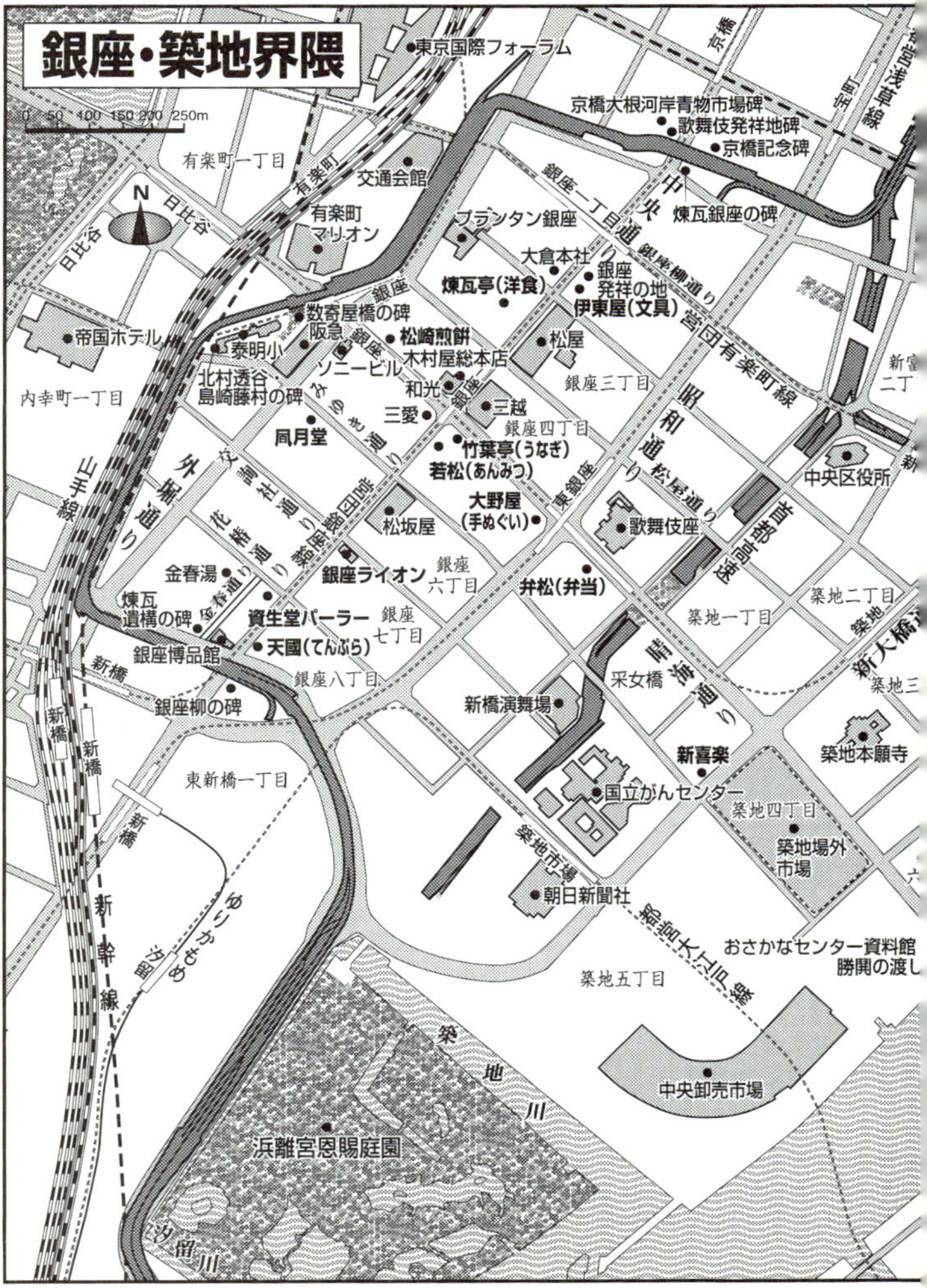
銀座・築地界隈
0 50 100 150 200 250m
N
東京国際フォーラム
京橋
宝町
都営浅草線
京橋大根河岸青物市場碑
歌舞伎発祥地碑
京橋記念碑
有楽町一丁目
有楽町
交通会館
銀座一丁目
中央通り
煉瓦銀座の碑
日比谷
有楽町マリオン
プランタン銀座
大倉本社
銀座柳通り
日比谷
煉瓦亭（洋食）
銀座発祥の地
伊東屋（文具）
宮団有楽町線
銀座
数寄屋橋の碑
帝国ホテル
泰明小
阪急
松崎煎餅
木村屋総本店
松屋
ソニービル
北村透谷島崎藤村の碑
和光
晴海通り
銀座三丁目
内幸町一丁目
三越
三愛
昭和通り
銀座四丁目
凮月堂
みゆき通り
竹葉亭（うなぎ）
若松（あんみつ）
中央区役所
山手線
外堀通り
交詢社通り
銀座松坂屋
東銀座
松屋通り
松坂屋
大野屋（手ぬぐい）
歌舞伎座
首都高速
花椿通り
並木通り
銀座六丁目
金春湯
銀座ライオン
弁松（弁当）
築地二丁目
金春通り
築地一丁目
煉瓦遺構の碑
資生堂パーラー
銀座七丁目
築地
銀座博品館
天國（てんぷら）
晴海通り
新大橋通り
新橋
銀座八丁目
采女橋
築地三
新橋
新橋
新橋演舞場
銀座柳の碑
新喜楽
築地本願寺
東新橋一丁目
国立がんセンター
築地四丁目
新橋
築地市場
築地場外市場
朝日新聞社
ゆりかもめ
都営大江戸線
新幹線
汐留
おさかなセンター資料館
勝鬨の渡し
築地五丁目
築地川
中央卸売市場
浜離宮恩賜庭園
汐留川

銀座の原点、中橋興行街

「北の方、筋違橋《すじかいばし》の内、神田須田町《すだちょう》より南へ、今川橋・日本橋・中橋・京橋・新橋を経て、金杉橋の辺《あたり》までの惣名《そうみょう》にして、町幅十間余あり」――『江戸名所図会《ず え》』にある「通町《とおりちょう》」の説明である。つまり、現在の東京でいえば、神田の万世橋付近から、日本橋、銀座通りを経て芝の金杉橋あたりまでの大通りをいう。

日本を代表する盛り場の銀座を含むこの大通りは、その昔も江戸の下町を貫くメインストリートだった。事実、江戸最初のアミューズメント・センターはこの通りに生まれた。

「二月十五日より中橋《なかばし》に於《お》て、中村勘三郎歌舞妓《か ぶ き》芝居始めて興行す……(元和《げんな》三〔一六一七〕年丁巳《ひのとみ》五月、徳永種久といふ人の紀行に、中橋に狂言踊り、上るり《じょう》、京あやつりの芝居ありし事をいへり。勘三郎興行の前より、芝居見せものゝ街にてありしと見えたり)」

『武江年表』の寛永元(一六二四)年の項を開くと、こんな記述がある。勘三郎

京橋

江戸歌舞伎発祥の地碑

中央区京橋 3-4

最寄駅：地下鉄有楽町線「銀座一丁目駅」

「江戸歌舞伎発祥の地碑」の右奥には，「京橋大根河岸青物市場跡碑」。1675（延宝 3）年にできた青物市場は，1935（昭和 10）年に築地中央卸売市場へ移転するまで続いた

は当然初代で猿若《さるわか》勘三郎ともいい、江戸歌舞伎《かぶき》の始祖ともいわれる。後の江戸三座の筆頭である中村座の創始者であり、中橋の地に江戸初めての常打ちの芝居小屋として旗揚げした。もっとも『武江年表』には、それ以前からいろいろな興行が行なわれていたとあり、中村座は中橋興行街の核的存在として誕生したといってよいだろう。

その中橋とは——。『名所図会』が日本橋と京橋の間に入れているように、両橋の中間にあった橋である。付近を中橋広小路といい、中村座がその後、現在の人形町付近に移るまで興行街として栄えた。「銀座」を盛り場の代名詞とするなら、その地続きにあった「中橋」は、銀座の原点といってもいい。

この中橋を偲《しの》ぶよすがとしては、現在、旧京橋の北のたもとに「江戸歌舞伎発祥之地」の石碑が建っている。京橋は、日本橋から東海道を「京都に行く時通る橋」というので名付けられた。今は橋の名残があるだけだが、銀座通りの北の玄関であることには変わりない。

銀座の大倉、日本橋の安田

東京の銀座二丁目、宝飾店「ティファニー」前の歩道に「銀座発祥の地」と書かれた記念碑がある。

「慶長十七（一六一二）年　徳川幕府、此《こ》の地に銀貨幣鋳造の銀座役所を設置す。当時、町名を新両替町と称せるも、通称を銀座町と呼称せられ、明治二年遂に銀座を町名とすることに公示さる」

　昭和三十年に銀座連合会が建てたものだが、銀座の歴史を簡潔に説明している。大判や小判の金貨を鋳造するのが金座で、これは現在の日本銀行所在地（日本橋本石町《ほんこくちょう》二丁目）のあたりに設けられた。銀座役所は当初、徳川家康の本拠地駿河《するが》（静岡市）に置かれたが、慶長十七年に移設されて、江戸銀座が誕生した。当時は多種の金貨、銀貨が流通したので、手数料をとってその交換業務を商売とする両替商が幅をきかせた。銀座役所のまわりには両替商が集まったので「新両替町」と呼ばれるようになったのである。

銀座発祥の地碑

銀座発祥の地碑

中央区銀座 2-7　ティファニー前の歩道

最寄駅：地下鉄有楽町線「銀座一丁目駅」

いつの時代でも同じことだが、役人と両替商が隣合わせに住んだのは便利すぎて、そのうち癒着、贈収賄《ぞうしゅうわい》事件に発展する。幕府も手を焼いて、銀座開設後百九十年の寛政十二（一八〇〇）年に役所を日本橋蛎殻町《かきがらちょう》に強制移転した。これがきっかけで、近代日本の銀行、証券センターは日本橋へ移動する。

幕末の日本が黒船騒ぎで激動する安政年間、新潟県新発田《しばた》生まれの大倉喜八郎は、日本橋小網町《こあみちょう》の両替屋に勤める青年〈善公〉と知り合った。喜八郎はまだ二十歳《はたち》前、富山出身の〈善公〉は喜八郎の一つ歳下《としした》だった。

郷里が近かったせいか、二人とも不思議にウマが合った。毎日のように顔を合わせると、本町《ほんちょう》一丁目の手軽な茶飯屋であんかけ豆腐、味噌汁《みそしる》、たくあんの茶飯をかっこみながら商売の情報交換に熱中した。

〈善公〉とは、のちに安田銀行（現在の富士銀行）を中心とする安田財閥を築きあげる安田善次郎。そして喜八郎は銀座を拠点に大倉組（現在の大成建設）を発展させる。

江戸の活気を生んだ京橋

徳川家康は慶長八（一六〇三）年、江戸に幕府を開くと、城下町の造成につとめ、翌年には日本橋を基点とする東海道など五街道を整備する。

東京の原型は、歴史のなかで変容を重ねながらも、まだあちらこちらに残っている。サイデンステッカー教授の『東京下町山の手 1867—1923』（安西徹雄訳、ちくま学芸文庫）には次の一節がある。

「京都から下ってきた東海道は、銀座を抜けて最後の橋を渡る。京橋である。次の橋は街道の終着点、日本橋だ。明治時代、日本橋と京橋は二つの区に分かれていたが、その境界線は二つの橋の真中あたりで街道を東西に横切っていた。二つの区はやがて統合して中央区となるが、確かにここは下町の中心で、厳密にいって区全体が完全に下町に入るのは、実にこの二区しかなかったのである。

江戸時代には、日本橋は商業の中心として富と力を誇っていた。大商人が住み、三井や大丸といった大きな店が軒を連ねていたのも日本橋である。これにくらべ

岡本太郎の庭

京橋跡

京橋 3-5

最寄駅：地下鉄有楽町線「銀座一丁目駅」，地下鉄銀座線「京橋駅」

1603（慶長 8）年架橋。1875（明治 8）年に石造りの橋に変わり，1959 年（昭和 34）に撤去された

て、京橋は小商人《こあきんど》や職人の町で、日本橋ほど富裕ではなく、武士階級の御贔屓《ごひいき》にすがる度合も日本橋より大きかった」

たしかに、日本橋の北岸には、江戸の中心街を意味する本町《ほんちょう》、京都の地名を移した室町《むろまち》、米穀商が集まった本石町《ほんこくちょう》などが並ぶのに対し、京橋地区には桶町《おけちょう》（八重洲二丁目、京橋一、二丁目）、南鍛冶町《みなみかじちょう》（同前）、南鞘町《みなみさやちょう》（京橋一、二丁目）、南《みなみ》塗師町《ぬしちょう》（京橋二丁目）、大鋸町《おがちょう》（京橋一丁目）と江戸の活気を伝える町名が密集している。

明治の末期、その南鞘町に住んでいた書家、岡本可亭を北大路魯山人《ろさんじん》が訪ね、内弟子になっている。可亭の子の一平は後年の漫画家、その一平と妻かの子（小説家）のあいだに生まれたのが画家の岡本太郎である。桶町にも書家尾形月耕、浮世絵師月岡芳年などが住んでいた。

銀座を核とする京橋地区、さらに丸の内のオフィス街、霞が関の官庁街、新宿の新都心へと東京は増殖する。

格式を誇るみゆき通り

京橋から新橋へ通じる銀座通りは、いうまでもなく江戸の昔の東海道。今にいたるまで日本の代表的なメインストリートとして繁栄している。

銀座通りにくらべると、日比谷から数寄屋橋《すきやばし》、銀座四丁目交差点を通って築地に出る晴海通りは、明治の頃は目立たぬ横丁だった。かえって晴海通りの一本南にある〈みゆき通り〉が江戸時代からの由緒《ゆいしょ》を誇っていて、地元の旦那衆《だんなしゅう》が「銀座に数ある道路のなかでも一番格式の高い道路」と自慢する。

みゆき通りは、帝国ホテルの脇《わき》を通って泰明《たいめい》小学校前から銀座通りを渡って新橋演舞場の北へ抜ける。北側が銀座五丁目、南側が銀座六丁目だから洒落《しゃれ》た洋品店や喫茶店、飲食店などが道筋を飾り、街燈《がいとう》のてっぺんには羽根をひろげた鳳凰《ほうおう》の姿を仰ぐことができる。道幅十五メートルの両側の歩道も、あざやかな煉瓦色《れんがいろ》のペーブメントという凝りようである。

格式といっても、この通りの店の格式をいっているわけではない。ずっとさか

みゆき通りの「鳳凰」

浜離宮恩賜庭園

中央区浜離宮庭園 1-1　電話 03-3541-0200

最寄駅：地下鉄都営大江戸線「築地市場駅」，JR・地下鉄銀座線・都営浅草線「新橋駅」

開園 9：00〜16：30　年末年始休

のぼって、江戸時代に歴代の将軍が江戸城から浜御殿へお成りになるさいに通る道筋——御幸《みゆき》の通りだったのである。

浜御殿は、現在は東京都立の浜離宮恩賜《おんし》庭園として公開されており、都心には貴重な緑、四季をいろどる桜、菖蒲《あやめ》、紫陽花《あじさい》が往時を偲《しの》ばせてくれる。もとは将軍家の鷹狩《たかがり》の場だったが、三代家光の第三子綱重の別邸となり、綱重の子が将軍家を嗣《つ》いで六代家宣《いえのぶ》となってから、一躍浜御殿に昇格し、なんども改修の手が加えられた。

明治維新後は宮内省所管となって、その名も浜離宮と改められたが、明治天皇と昭憲皇太后もその風致を非常に喜ばれ、皇居からしばしばこの道筋を通って行幸された。

地元がこの通りをみゆき通りと命名したのは昭和十二年。格式を誇示して金色の鳳凰を飾りつけたのもその時だが、戦時中の金属回収でいっぺん姿を消し、現在の鳳凰は戦後の二世である。

煉瓦《れんが》造りの町の新聞街盛衰

現在の近代的な車輛《しやりよう》に模様替えするまで、営団地下鉄銀座線は黄色の電車で有名だった。銀座といえば柳で売ったのに、並木が消えてしまったのは寂しいから並木を復活せよという議論もいまだに続いている。とかく、銀座は新聞・テレビの話題になる。

明治初年から昭和まで、銀座から有楽町のあたりは日本の代表的な新聞街だった。銀座に読売新聞、ＪＲ山手線有楽町駅をはさんで朝日新聞と毎日新聞。それが、いずれも大手町や築地に移ってしまったのは寂しい限りだが、実は銀座の発展と新聞の歴史には深いつながりがある。

話は一世紀ほどさかのぼって、明治五（一八七二）年の銀座・築地周辺を焼き尽くす大火のあと、東京を西欧の先進都市並みの不燃都市にしようという壮大な都市計画が作られた。その手始めが、画期的な銀座再建案だ。

銀座八丁も明治初年の道幅は八間あまり（約十四・五メートル）だったが、再

風吹く西銀座

煉瓦銀座之碑

中央区銀座 1-11-2

最寄駅：地下鉄有楽町線「銀座一丁目駅」，地下鉄銀座線「京橋駅」

銀座金春通り煉瓦遺構の碑

中央区銀座 8 丁目金春通り

最寄駅：JR・地下鉄銀座線・都営浅草線「新橋駅」

建案では一挙に三倍の二十五間（約四十五メートル）に広げ、表通りに面する町並みは煉瓦《れんが》建てにするというのである。これには財政面からの反論が出たり、木造建築しか知らなかった地元民の「銀座煉瓦街反対期成同盟」ができたり、結局、道幅十五間（約二十七メートル）に修正して復興計画が進められ、二年後の明治七年七月にほぼ完成した。花のお江戸のまんなかに思いもかけぬ洋風の煉瓦街が誕生したわけだ。

この道幅が現在に続いているくらいだから、いかに思い切った計画だったかがわかる。それだけに、煉瓦建てに住むと病人が出る、崇《たた》りがあると不評を買い、政府や東京府は入居者募集に大汗をかいた。

ところが、新聞印刷の鉛版工場の適地がなくて困っていた新聞社にとって煉瓦建てはお誂《あつら》え向き。しかも新橋駅が目の前で輸送も便利だ。明治七年、東京日日新聞（毎日の前身）の進出に始まり、朝野新聞、国民新聞、読売新聞、報知新聞、朝日新聞が続々と銀座に集結する。関東大震災前には大小あわせ三十社を超えたという。

洒脱《しやだつ》な新聞人、成島柳北《なるしまりゆうほく》

明治の銀座、つまり新橋から京橋にかけてを通称「煉瓦《れんが》」といった。むろん、明治七年に道幅十五間の大通りをはさんでヨーロッパ風の煉瓦建てがズラリ両側に並んだからである。この煉瓦の街で覇を競ったのが、当時のニューメディアの新聞だった。わが国最初の日刊紙「横浜毎日新聞」の創刊は明治三年十二月（新暦では一八七一年一月）のことだが、その翌年には東京で初の日刊紙「東京日日新聞」が発刊されている。明治も十年代には「尾張町の四ツ角、今の銀四の交叉《こうさ》点《てん》が、新聞社で四か所を占領」（篠田《しのだ》鑛造《こうぞう》著『銀座百話』角川選書）するほどの盛況だった。

「いずれも一等煉瓦で、二階建の構造、入口も二階も少し凹《へこ》んで丸柱が両端にニョッキリとありました。今の服部大時計店のとこが成島柳北の朝野《ちようや》新聞社、三越のとこが大岡育造の中央新聞社、旧ライオンのとこが沼間《ぬま》守一の毎日新聞社、キリンビールのとこが末広重恭《しげやす》の東京 曙《あけぼの》 新聞社……」

銀座四丁目

いずれも錚々《そうそう》たる言論人で、藩閥新政府に鋭い批判の論陣を張った。念のために付け加えると、「キリンビールのとこ」とあるのは今の三愛のある一角だ。

成島柳北は幕府の外国奉行、会計副総裁などを歴任したレッキとした幕臣。銀座通りには古道具、古本などを商う露店がにぎやかに並んだ時代だが、ある夜、柳北が露店をひやかしていると、年齢十一、二歳の少年講釈師が幼いながらも朗々と馬琴の『八犬伝』を弁じ立てている。

感心して人垣からのぞきこんだ柳北は、少年に付き添う老婦人を見てハッとした。なんと、旧知の旗本の老母ではないか。零落したものの、健気《けなげ》な孫と大道芸で生きていたわけ。少年は柳北の援助で、のちに一流の講談師に成長したという。

銀座まちわれは南の角に住む
君がきた（北）とはうれしかりける

明治十年、朝野新聞の北、銀座一丁目に読売新聞が進出した時の柳北の歓迎歌で、粋《いき》な言論人だった。

電車チンチン柳色新《あらた》なり

柳の緑が萌《も》え始めるころになると、思い出される有名な詩がある。

　渭城《いじょう》の朝雨　軽塵《けいじん》を浥《うるお》し　客舎青青　柳色新なり
　君に勧《すす》む　更に尽《つ》くせ一杯の酒　西のかた陽関を出ずれば故人無からん

唐の詩人王維《おうい》が、首都の長安から辺境に転任する友人を都の西のはずれの渭城まで見送った時の名吟である。

ここに登場する柳は、街路樹ではなく、どうやら旅宿の柳らしい。しかし、日本でも、平安京に柳の並木が植えられたのは、長安の楊柳《ようりゅう》の街路樹に見習ったものといわれている。柳は耐寒性があり、大気汚染にも強い。

明治七年、銀座に洋風の煉瓦街《れんががい》ができあがった時、歩道は煉瓦で舗装されたが、車道は土のままで、その車道の両側に街路樹が植えられた。はじめは四辻《つじ》に松、そのあいだに楓《かえで》と桜という取り合わせだった。当然のことながら松や桜はすぐ枯れてしまい、しだいに柳に植え替えられ、明治二十年前後には柳並木になっている。

早稲田大学の美術史教授だった安藤更生《こうせい》は、実証的な銀座研究でも知られ、昭和六年『銀座細見』（中公文庫）を出版している。そのなかに、昭和初年の銀座を描いた王維のパロディが紹介されている。

銀座の細雨軽塵を浥す　電車チンチン柳色新《あらた》なり
君に勧むライオン一杯の酒　東新橋を出づればカフエなからん

銀座の柳にも盛衰の歴史がある。大正十年の道路改修で柳はイチョウに替えられた。イチョウも公害には強いが、関東大震災後、銀座復興のシンボルとなったのが柳の並木だった。昭和五年二月、東京市の永田秀次郎市長は柳の植樹式をやり、西条八十《やそ》は昭和七年に、〈植えてうれしい銀座の柳〉と歌った。しかし、都心の交通事情悪化のため、昭和四十二年からつぎつぎと懐《なつか》しいチンチン電車は姿を消し、樹勢の衰えた柳並木も取り払われてしまった。

そんな背景があるから、昭和六十二年、中央区は「区の木」に柳を選んでいる。

銀座ライオン

ライオン銀座7丁目店

中央区銀座 7-9-20　電話 03-3571-2590

営業 11：30〜23：00　無休

最寄駅：地下鉄銀座線・日比谷線・丸の内線「銀座駅」

戦災を免れ，ビヤホールの内装も奥のモザイク壁画も 1934（昭和 9）年の開店当時のまま残っている

数寄屋橋《すきやばし》の由来と北村透谷

東京の数寄屋橋《すきやばし》公園に「数寄屋橋此処《ここ》にありき」の碑がある。劇作家菊田一夫の書である。

菊田の連続放送劇「君の名は」は、昭和二十七年から二十九年までNHKラジオで放送された。春樹と真知子が初めて知り合ったのが戦時下の数寄屋橋という設定で、すれ違いを繰り返す悲恋ドラマが人気を呼び、二十八年に佐田啓二・岸恵子主演で映画化されると空前の大ヒットとなった。

名物になった橋は、外濠《そとぼり》の埋め立てで昭和三十三年に姿を消した。碑はそれを惜しんで建てられたものだが、江戸時代の木橋は東西ではなく南北に架かっていたというから変転はめまぐるしい。

銀座側から橋を渡ると有楽町で、その地名が茶人の織田有楽斎《うらくさい》（信長の弟）の邸宅所在地だったことから発していることは有名だが、数寄屋橋の名は有楽斎が営んだ数寄屋風の茶室に由来するとか、御数寄屋坊主の屋敷があったためとかい

数寄屋橋

数寄屋橋公園

中央区銀座 5-1-1

最寄駅：地下鉄日比谷線・銀座線・丸の内線「銀座駅」，JR「有楽町駅」

数寄屋橋公園に隣接する泰明小学校（昭和 4 年竣工）の前には，この地で学んだ「透谷・藤村の碑」がある

われている。橋ぎわの、いま有楽町マリオンのある辺りには南町奉行所があった。明治の文人、北村透谷《とうこく》は本名門太郎だが、号をここの地名（透谷《すきや》）から取っている。

透谷は明治元年に小田原の藩医の家柄に生まれたが、維新後の士族の没落で一家は貧窮し、同十四年に京橋区弥左衛門町《やざえもんちょう》七番地（中央区銀座四丁目三番地）に転居し、男まさりの母が煙草《たばこ》の小売店を開いた。

いまの並木通りに面する辺りであろうか、明治の銀座は簡素な木造家屋が並ぶだけで、一歩路地を入るとおしめなどの洗濯物がひるがえっていたという。煙草店の軒には円《まる》に山の字を染め出した柿色ののれんがかかっていたと勝本清一郎は書いている（岩波文庫『北村透谷選集』解説）。

透谷は近くの泰明小学校に転入し、翌年卒業している。当時の新聞には京橋区長らが式に参列し、卒業生七人のうち「北村門太郎は席を立ちて空気及び水の組成と云《い》ふ題に付き演説をなし」と紹介されている。利発な子だった。

銀座八丁目は能の金春屋敷《こんぱるやしき》

銀座と能楽の関係はというと、ちょっと首をひねりたくなるが、銀座八丁目の博品館劇場裏の通りには「金春通り《こんぱる》」の名が付いている。その由来について、中央区教育委員会が通りの片隅に「金春屋敷跡」として次のように掲示している。

「江戸時代には、幕府直属の能役者として、宅地や家禄を支給されていた家柄に、金春・観世《かんぜ》・宝生《ほうしょう》・金剛《こんごう》の四家があり、金春屋敷の拝領は寛永四（一六二七）年であった。

金春家は四座のうち、もっとも伝統古く、室町時代以来栄え、慶長十二（一六〇七）年には、観世大夫《たゆう》とともに江戸で能を演じた。金春家の屋敷は、寛永の江戸庄図に『金春七郎』と記し、現在の銀座八丁目六・七・八番全体を占めていたように図示されている。

この屋敷は、後に麹町《こうじまち》善国寺谷（千代田区麹町三、四丁目）に移ったが、金春の名は、この付近の芸者屋街の称として残った」

こんぱる小路

能楽金春祭り

銀座8丁目の中央通りから，西に一筋入った通りが金春通り。ここで1985（昭和60）年から8月上旬に「能楽金春祭り」が開かれている。能楽に関する講座のほか，最終日には，金春通りを舞台にして能が上演される

銀座能楽堂　中央区銀座6-5-15　電話03-3571-0197

最寄駅：JR「有楽町駅」，地下鉄銀座線・丸の内線・日比谷線「銀座駅」

金春屋敷は、現在の博品館、三井アーバンホテル、さらに資生堂本社の一角あたりを含む広大なもので、この屋敷跡周辺を中心として幕末頃から芸者街ができ、「金春芸者」の名で知られるようになった。今バーやクラブがひしめく八丁目の歓楽街は、この芸者街をスタートとするといってよい。

また、幕末の江戸の切絵図には、金春屋敷のほかに「観世大夫」「観世新道」と記してある所がある。現在の銀座二丁目あたり、金春屋敷とは正反対の京橋寄りには観世の屋敷もあった。

つまり、幕末にはいまの銀座の南北両端に、それぞれ能役者の屋敷があったわけである。

下って現在も、銀座は能と無縁ではない。金春通りからさほど遠くない銀座六丁目の外堀通りに面して銀座能楽堂ビルがあり、能が上演されている。銀座は古今の芸能が集まっている所でもある。

昔恋しい出雲町《いずもちょう》と資生堂

「考現学」という言葉の発案者は、建築学者で早大教授の今和《こん》次郎である。考古学があるなら、現代の世相風俗を調査し、研究するのは考現学と称すべきではないか。すぐれた民俗学者でもあった今は、そう考えて、昭和五年に著書『考現学』を発表した。

彼が編纂《へんさん》した『新版大東京案内』（昭和四年）はその実践的著作で、華やかで、けだるい当時の東京の顔がみごとに記録されている。

「銀座——首都の心臓、時代レヴューの焦点。

夜、尾張町の角に立つて街上風景を見る、聞く。——電車のスパーク、自動車の警笛、オートバイの爆音。——ショーウインドーのきらめき、広告塔の明滅、交通整理ゴーストップの青と赤。（中略）——どこからか流れて来る蓄音機のリズムに合して唄《うた》ふモガモボの一団、『懐古恋想銀座柳——』」

といった調子である。そのなかで、珈琲《コーヒー》、ソーダ、ランチなどの店として資生

銀座資生堂

資生堂パーラー

中央区銀座 8-8-3　電話 03-5537-6241
最寄駅：JR・地下鉄銀座線・都営浅草線「新橋駅」
営業 11：30〜21：30　第 1・第 3 火曜休（祝日除く）
旧資生堂パーラービルは，2001（平成 13）年 3 月，スペイン人リカルド・ボフィル設計の新しい建物「東京銀座資生堂ビル」に生まれ変わった。3 階の「パーラー」が，夜は「ワインバー」になるほか，資生堂初のイタリアン・レストランも 10 階にお目見え

堂が登場する。「名前の古さにも拘《かかわ》らず絶えず時代に順応する用意と意気を忘れずオーケストラバンドを他に先立って常設したのもここだ。二階のボックスもどつしりとした落ちつきがあり余裕がある」と筆者の共感が出ている。

資生堂の歴史を経《たてい》に、銀座の変遷《へんせん》を興味深く教えてくれる夏堀正元の小説『銀座化粧館』には、こんな一節がある。

「(出雲町角に本格的に建て替えた資生堂パーラーが）開店したのは昭和三年の夏で、折から売りもののアイスクリームのシーズンということもあって、予想以上の盛況がつづいた。こんどの建物は二階建で、一階の客席中央を吹き抜きにし、天井から大きなシャンデリアをさげた。二階は両袖《りようそで》だけが客席で、正面にオーケストラ・ボックスを設けた」

資生堂は明治五年の創業。薬局から化粧品業界の雄に発展した。出雲町は今の銀座八丁目で、江戸初期にここの埋め立てに当たった大名の名から出ているという。

銀座はあんみつのふるさと

最近は辛党も増えているとはいえ、女性の好物はやはり甘いもの。昔ながらの蜜豆《みつまめ》に魅力を感じる人も多いことだろう。この蜜豆に、さらにあんこの入ったものを「あんみつ」というが、その発祥地は銀座なのである。

「そう、売り出したのは戦争前ですから昭和五年頃でしょうか」と話してくれたのは、あんみつの考案者で、銀座・若松の主人・森半次郎さん。

それまで、蜜豆はあまり上等な食べものではなかった。路地裏に荷を担《かつ》いで売りにきたり、町の駄菓子屋でトコロテンと一緒に売っていた。だから、江戸時代からの汁粉屋若松でこれを売り出すことに「そんな下品なものはやるな」と、父親は反対したそうである。「でも、汁粉だけじゃあメシが食えない時代になっていましたからね」

もちろん、駄菓子的な蜜豆に工夫を加えた。それまでの蜜豆は、豆と寒天、それに普通のノシ餅《もち》の薄い切れ端に干しアンズが入っている程度。蜜も砂糖を精製

元祖・あんみつ

若松（あんみつ）

中央区銀座5-8-20　コアビル内　電話03-3571-0349

営業11：00〜20：00（19：30オーダーストップ）　無休

するときに出る、ごく粗末なものを使っていたという。

森さんは、餅をギュウヒに、アンズも輸入品を使った。蜜はハチ蜜、白砂糖などで上品に作った。そして最も重要な点は、汁粉屋の伝統を生かして、さらにあんこを加えたことである。

これがうけた。昔は、ほかのものに比べて砂糖が高く、貴重品だった。それだけに「甘いが上に甘いものがうけた」そうである。甘味を抑える傾向にある今とは逆の時代だが、戦後もしばらくは甘いものの貴重品時代が続き、そんなときに登場したのがクリームあんみつである。「実は、わたしは、あんなもの邪道だって反対したんだ」。しかし軍配は、これを考えた息子の一生さんに。若い女性にうけ、みつ豆党拡大に役立った。みつ豆をめぐる因縁話である。

森さんからこの話を聞いたのは昭和四十三（一九六八）年のことで、森さんはその後、天寿をまっとうされたが、若松は健在。銀座四丁目交差点そばに建つ、外の見えるエレベーターがあるコアビル内で繁盛《はんじょう》している。

あんパンのヘソも銀座育ち

盛り場に食べものは付きものである。銀座も例外ではない。しかも銀座は、甘党にもなかなかゆかりの深い土地である。あんこの入った蜜豆《みつまめ》、いわゆる「あんみつ」の生まれ故郷が銀座であることは前に紹介したが、菓子パンの元祖であるあんパンも銀座とは切っても切れない縁にある。

あんパンは、木村屋総本店の初代木村安兵衛氏が明治の初めに考案したものである。それが珍しい食べものということで、明治八年、山岡鉄舟を通じて明治天皇に献上された。そのときあんパンの中央にアクセサリーとして、塩漬けの桜の花が付けられた。桜あんパンの始めである。この桜の塩味が、あんパンの味を一層引き立たせることになる。

このとき、桜をパンの中央にただ付けるだけではすぐ取れてしまう。そこで、その部分を少しへこませた。これが、あんパンのヘソである。いま、一般に何も付いていないあんパンにも、たいがいヘソがある。無用の存在のようだが、それ

木村屋のあんぱん

木村屋総本店（パン）
中央区銀座 4-5-7　電話 03-3561-0091
地下鉄銀座線・丸の内線・日比谷線「銀座駅」
営業 10：00〜21：30　無休

がまたあんパンの証明みたいにもなっている。しかし、そもそもはちゃんと必然性があってできたものなのである。

洋風のパンに日本のあんこを入れたこのあんパンには、もう一つ日本独特のものが加わっている。パンには欠かせないイースト菌がそれで、木村屋のあんパンのそれは普通のイーストではなく、酒種《さかだね》と称する日本酒を作るときに使うイーストだそうである。これがまた、あんパンの風味のもとになっている。

あんこと桜と酒種。パンとはいいながら、あんパンは和菓子の部類に入れてもおかしくない存在である。

このあんパンの木村屋総本店が芝から銀座に進出したのは、明治十年のことである。当時は同じ四丁目でも、現在の位置とは中央通りをはさんだ向かい側の三越のところにあった。現在地には明治三十年ころの区画整理によって移った。あんパンは芝で生まれて銀座で育った人気商品なのである。

銀ブラに露店が名物だった

昔の銀座は、夜の露店が名物だった。関東大震災後の東京の復興、繁盛《はんじょう》の様子を記す『新版大東京案内』も、さりげなくそれに触れている。

「省線新橋駅の大時計が午後八時をしめしてゐる。銀座へ銀座への人波にまじつて橋を渡り高速度銀ブラをこころみる。ペーブメント一杯の嬉々《きき》とした音と交錯する光。新しい街路樹銀杏《いちょう》のまだ小さい三角の葉が微風に揺れ、右側には昔と変らず夜店がずらりと並んでゐる」

この右側というのは、銀座中央通りの東側のことである。戦前の銀座通りは、東側だけ毎晩縁日のように露店がずらりと店開きしていたのである。どうして東側だけだったのかよくわからないが、『銀座わが街』は東側のほうが江戸時代からの老舗《しにせ》が多く、西側よりにぎわっていたからではないかと書いている。

その起源も、はっきりしない。同書は、商売が難しくなった幕末、職人町だった銀座の道具屋などが通りがかりの人に商品を売り込もうと、大道に品物を並べたのが始まりだろうと推測している。これが明治維新後ますます盛んとなり、銀座の繁栄に一役を買うようになった。
「銀ブラという言葉が流行したのは大正時代であるが、その銀ブラにこの露店の果たした役割は実に大きかったのである。露店といっても、いまの縁日のような安物の店ではなく、値は安いが並んでいるのは、洋書あり骨董《こっとう》ありで、ほんものが並んでいたといわれる。むろんピンからキリまで商品は並んでいたわけで、必ずしも高級品ばかりというわけではなかったが、そこが又魅力だったといわれる」(『銀座わが街』)
　戦後も一時、露店は復活した。それはヤミ市的色彩が濃く、東側だけでなく西側や晴海通りにも昼間から店が並んだ。しかし不衛生などの理由でGHQ（連合軍総司令部）から廃止の指令が出た。これには抵抗があったものの、昭和二十六年大晦日《おおみそか》限りで、銀座の露店は約百年の歴史を閉じた。

銀座の朝の残り雪

銀座のショッピング・ガイドや最新情報は，こちらの「銀座公式ホームページ」で　http://www.ginza.co.jp/

かつて銀座は島だった

江戸時代の初めに海を埋め立てて出来た銀座の地は、四十数年ほど前までは、〃島〃だった。

「そして、今改めて、『東京の水』という角度から銀座を眺めてみると、わたしの育った銀座の町は、まわりを水に囲まれた、いわば『島』のような土地であった。どこへ行くのにも、銀座の外へ出ようとすれば、道は必ず水に行きあたって、橋を渡らなければならなかった」

故池田弥三郎氏の『銀座十二章』（朝日文庫）の中の一文で、銀座は周囲を川、厳密にいえば堀で囲まれていたのである。北は京橋川、南は汐留《しおどめ》川、東の境は三十間堀川、西の縁は外濠《そとぼり》で区切られていた。銀座が三十間堀川の外側木挽町《こびきちょう》地区まで広がったときも、その末端は築地川で、やはり水で区切られていて〃島〃の伝統を保っていた。

もっとも、三十間堀川が埋め立てられたのは昭和二十四年で、木挽町が銀座東

三吉橋より演舞場方面

となったのはその二年後である。だから、木挽町の銀座編入は、銀座が独立した〝島〟であることを一時的に復活させたといってよい。

三十間堀川は、いま晴海通りの三原橋に名残があるだけだが、明治から大正にかけてはその東岸に船宿が多く建ち並んでいた。もともとは銀座の埋め立てや江戸城増築の物資を運ぶ水路だった。幅が三十間あったからそう呼ばれたわけだが、文政十二（一八二九）年に約三分の一が埋め立てられた後も名前だけは変わらなかった。

それ以後も荷揚げ場、船遊びの場所として銀座の商店街とは違った様子、雰囲気を持った所だった。しかし戦後、戦災のガレキ処理のために埋め立てられてしまったのである。しかも「土地の者としては、残存させておきたかったし、対案として埋めるのなら、散歩道にして欲しい旨《むね》請願したが聞き入れてはもらえず」（『銀座わが街』）ほとんど跡形もなくなった。

京橋川をはじめとする他の水路も埋め立てられ、それぞれ高速道路となってしまい、銀座は高速道路に囲まれた街になってしまった。

木挽町《こびきちょう》の伝統を継ぐ歌舞伎座《かぶきざ》

銀座の大通りと交差する晴海通りを築地方面へ向かうと、今はその下が映画館などになっている橋がある。戦後埋め立てられた三十間堀川に架かっていた三原橋である。江戸時代は「新橋」と書いて「あたらしばし」ともいったらしい。

今は、この橋を渡ってもまだ銀座の地名が続く。しかし、戦後もしばらくは、橋の東側は木挽町《こびきちょう》といった。慶長十一（一六〇六）年、江戸城の増築が行なわれたとき、幕府がこのあたりに木挽職人を住まわせたために付いた町名といわれる。

木挽町は、下っては興行街として栄えた。江戸の興行街は中橋広小路を起源とし、その後は天保《てんぽう》の改革まで堺町《さかいちょう》・葺屋町《ふきやちょう》と並んで木挽町の名が高い。寛永年間に山村座ができたのをはじめ、河原崎座、森田座などの歌舞伎《かぶき》劇場がやぐらをあげた。

このうち山村座は、正徳年間に大奥女中取締役の大年寄江島と同座の役者生島新五郎との密通事件、いわゆる江島生島事件によって廃座の憂《う》き目を見た。最も

歌舞伎座夜の部

歌舞伎座

中央区銀座 4-12-15　電話 03-3541-3131

最寄駅：地下鉄日比谷線・都営浅草線「東銀座駅」

昼の部，夜の部と半日がかりで観劇する正攻法のほか，忙しい時は，自分が観たい番組だけを 4 階の「一幕見席」で観るのもオツ。熱心なファンもこの席に多い。当日券のみ

栄えたのは森田（守田）座で、中村、市村両座と並んで江戸三座の一つとなった。河原崎座は後に森田座に吸収された形となり、森田座が借金などで興行できないときだけ、やぐらをあげることが許された。これを控櫓《ひかえやぐら》という。

この木挽町の興行街も天保の改革で廃絶されたが、明治になってはからずも復活した。現在も伝統演劇の殿堂として名をはせる歌舞伎座が明治二十二年、完成・開場したからである。歌舞伎座に行くことを「木挽町に行く」と、昭和の頃まで年輩者は言ったものである。

歌舞伎座の建設は、演劇改良運動の一環として福地桜痴《おうち》を中心に進められたものので、明治の国立劇場推進運動ともいえる。その敷地は、木挽町三丁目の東京府第三勧工場の所有地約二千坪の払い下げを受けたもので、払い下げ金額は坪四円余だった。

ここに間口十五間、奥行き三十間の三階建て〝初代〟歌舞伎座を建設したのは、大成建設の前身・日本土木会社である。

鏑木清方《かぶらぎきよかた》の名作の世界

日本画の鏑木清方《かぶらぎきよかた》に、自叙伝ふうの名著『こしかたの記』(中公文庫)がある。「私が入学した時分(明治二十年前後)の私立学校では、まだ寺子屋の風習が抜け切らなくて、登校最初の日には、これから友達になる同級の生徒一同に、近付《ちかづき》の印というのであろう、京橋、弥左衛門町《やざえもんちょう》の松崎で売っていた『おもちゃ煎餅《せんべい》』を持って行く、これを一人分ずつ半紙に包んで、受持の先生が新入生を紹介した上で、これを級中に分配するのである」

弥左衛門町は江戸期の名主の名を冠したもので、昭和五年銀座西四丁目に編入され、いまは銀座四丁目となっている。松崎煎餅は現在も盛業である。

清方は明治十一年、神田南佐久間町に生まれた。父は明治初年の高名なジャーナリスト、条野採菊《じょうのさいきく》。二歳のとき京橋へ移り、さらに築地へ越し、八歳から十六歳までを木挽町《こびきちょう》(現行の銀座)で過ごした。ここから鉄砲洲《てっぽうず》の鈴木学校という私立学校へ通ったころの回想が冒頭の文章である。

河岸の甍（築地明石町）

銀座松崎煎餅

中央区銀座 4-3-11　電話 03-3561-9811

営業 10：00〜20：00（土 10：00〜19：00，日祝 11：00〜19：00）無休

最寄駅：地下鉄銀座線・日比谷線・丸の内線「銀座駅」，JR「有楽町駅」

1804（文化元）年の創業時から現在に至るまで，手焼きの煎餅にこだわっている木挽町が、江戸城修築を請け負った木挽職人たちの住む町だったことはよく知られているが、江戸の森田座以来の芝居の町でもあった。村松梢風《しょうふう》は『本朝画人伝』（中央公論社）の鏑木清方の項で、こう書いている。

「築地木挽町界隈《かいわい》は清方の故郷である。地方に生れた者がその地方を故郷とするように、その時分の東京に生れた者は、自分の生れた一区画を故郷と思うのであった。同じ下町育ちといっても、浅草と築地では全く別世界であり、山ノ手と下町ではまるで国籍でも違うかのように、別人種の観があった」

だから、清方には名作の誉れ高い「築地明石町」（昭和二年作）に続いて、「新富町」「浜町河岸《はまちょうがし》」（いずれも同五年）の美人絵三部作がある。

また、父の経営する「やまと新聞」に三遊亭円朝の人情話が掲載された関係で、円朝とも親しく、清方の「三遊亭円朝像」の舞台は木挽町の自宅で、鮮明な明治の再現だった。

築地といえば魚河岸《がし》の

築地の東京都中央卸売市場の国鉄貨物線が、昭和五十九年一月三十一日未明の貨物列車を最後に姿を消した。昭和三十年代には、都民の台所に直結する築地に生鮮食品を送りこむ大動脈として活躍し、一日の到着便は九本、時には五十五輛《りよう》連結の列車が入ったこともある。それが急激にトラック輸送に切り替えられ、さらにはわずかに毎日一編成とさびれ、とうとう昭和十年以来の歴史に終止符を打った。

築地といえば、魚河岸の代名詞にさえなっている。しかし、ここに魚河岸が移ったのは、大正十二年の大震災直後のこと。それまでは日本橋の北側の河岸にあって、講談でおなじみの一心太助もここへ魚を仕入れに行っているはずである。『江戸名所図会《ずえ》』にも、「船町《ふなちよう》、小田原町、安針町《あんじんちよう》等の間悉《ことごと》く鮮魚の肆《いちぐら》なり。遠近の浦々より海陸のけぢめもなく、鱗魚《りんぎよ》をこゝに運送して、日夜に市を立てて甚《はなは》だ賑《にぎわ》へり」とある。

江戸が東京と改まると、人口はますます増加し、人家は密集して、大正の大震災前には、日本橋に「二、〇〇〇台もの大八車が、一万人近くの人と共に、毎日魚河岸めざして集まってきた」（東京都編『東京百年史』）

こうなると、交通、衛生、美観などの諸点から大きな都市問題になり、東京市もその移転問題に取り組むが、江戸以来の市場独特の権利問題などがからんで話が進まない。難問を一挙に解決したのが大震災だった。

焼野原の中で、いちはやく復興に立ちあがった魚市場関係者は、とりあえず芝浦日出町《ひのでちょう》（港区海岸二丁目）に開設された臨時市場で商売を再開する。一方で、築地の海軍兵学校寮跡地への本格的な移転計画が進められ、大正十二年十二月に江戸以来の魚河岸が築地に引っ越したのである。

築地の地名は、明暦の大火（一六五七年）の瓦礫《がれき》などで築《つ》き固められた埋立地によるもので、大火や震災で塗り替えられてきた江戸、東京の歴史を映しているとも言える。

魚河岸朝 6 時半

築地場外市場

中央区築地 4 丁目〜6 丁目　電話 03-3541-9466
最寄駅：地下鉄日比谷線「築地駅」，都営大江戸線「築地市場駅」　営業 5：00〜12：00　日曜・祝日・年末年始休
東西 430 メートル，南北 250 メートルの敷地に，約 400 の店がひしめき合う。早朝から営業し，鮮魚・肉・乾物・食器・調理器具などが卸値で買えるほか，安くておいしい食堂がズラリ

江戸前の始まりはウナギから

日本人がウナギを食用にしてきた歴史は、有史以前にさかのぼる。万葉集の代表歌人のひとり、大伴家持の友人に石麻呂《いわまろ》という学者がいた。この人、天性の痩《や》せ型で、万葉集の注には「多く喫飲すれども形飢饉《うえびと》に似たり」とあるから、現代の女性が聞いたら、「ウソーッ」と叫ぶにちがいない。

もっとも当時は太めが美人の必須《ひっす》条件で、男性も痩せ型はもてない。石麻呂に同情した家持がつくったのが次の歌である。

石麻呂に吾《われ》もの申す夏痩せに
よしといふ物ぞ鰻《むなぎ》漁り食《め》せ

ユーモアたっぷりの、おおらかな万葉人の心といっしょに、栄養価の高いウナギが当時から珍重されていたことが、はっきり読みとれる。

蒲焼《かばやき》の語源には諸説があるが、ウナギを裂かずに口から串《くし》を刺して焼いた形が蒲《がま》の穂に似ているところから出たという説が有力である。焼き方には、蒸してか

うなぎ職人の手さばき

竹葉亭銀座店

中央区銀座 5-8-3　電話 03-3571-0677

最寄駅：地下鉄銀座線・日比谷線・丸の内線「銀座駅」

営業 11：30〜14：00／16：30〜20：00　土日祝 11：30〜20：00 無休

江戸時代末期の創業だが，明治初期にはすでに東京屈指の店として知られるようになった。銀座 4 丁目交差点すぐ

ら焼く関東風と、蒸さずに強火で焼く関西風とがあり、それぞれの特色を誇っている。

蒲焼の始まりは、元禄年間といわれるが、これを土用丑《うし》の日に欠かせないものにしてしまったのは江戸の商人である。江戸から現代にまで生き残ったヒットCMともいえる。

「江戸前」という言葉が、もともとは江戸の鼻さき、いまの築地から鉄砲洲にかけての地区で漁《と》れたウナギを指したというのも面白い。有名な蒲焼屋が銀座周辺に集まったのは、ウナギの漁場がすぐそばにあったからである。

当時は、ウナギだけでなく、新鮮な魚、貝類が品川や芝浦の海でたくさん漁れた。すしの始まりも関西の押しずしである。しかし、「にぎりずしを作り出したのは、本所元町《もとまち》の鮓屋《すしや》与兵衛である。文政年間のはじめに、彼はエビやコハダを主とし、ワサビなどをつけてにぎるにぎりずしを作り出した」(河野友美著『たべものと日本人』講談社新書)。当節は輸入物のネタが目立って、江戸前は遠くなりにけり、である。

鉄砲洲《てっぽうず》に開いた福沢塾

塾という字は、土の上に立っている。古くは、門側の東西の堂を指し、学生は堂に寄宿して勉強したのである。

大阪の適《てき》塾で緒方洪庵《おがたこうあん》について蘭学《らんがく》を学んだ福沢諭吉が江戸に出たのは安政五（一八五八）年だった。黒船騒ぎで諸藩に蘭学熱が高まり、福沢の仕える中津藩奥平家でも、大阪にいる福沢を呼べということになったのである。

『福翁自伝』に、こうある。

「其時《そのとき》は丁度十月下旬で少々寒かつたが小春の時節、一日も川止《かわどめ》など云《い》ふ災難に遇はず滞りなく江戸に着いて、先《ま》づ木挽町汐留《こびきちょうしおどめ》の奥平屋敷に行《いっ》た所が、鉄砲洲《てっぽうず》に中屋敷がある、其処《そこ》の長屋を貸すと云ふので、早速岡本（周吉、洪庵塾の塾生）と私と其《その》長屋に住込んで、両人自炊の世帯持になつて……」

鉄砲洲は、いま中央区の明石町《あかしちょう》、湊《みなと》となっている。隅田川の河口西岸で、幕府の鉄砲方が試射をやったところとか、洲の形が鉄砲に似ていたためとか、地名の

鉄砲洲稲荷神社（「鉄砲洲」の名の由来書がある）

聖路加国際病院周辺は記念碑が多い。「慶應義塾発祥の地碑」，「蘭学事始の碑」の裏手にあるあかつき公園には「シーボルト胸像」が，また聖路加看護大学の西側には「浅野内匠頭屋敷跡碑」と「芥川龍之介生誕地碑」がある。慶應義塾の他に工学院大学と明治学院大学がこの界隈を発祥地とし，それぞれ碑が立っている

由来には両説がある。明暦大火のあと焼土で埋め立てられて宅地になった。奥平の屋敷は現在の聖路加国際病院（明石町）のあたりで、病院前に慶応義塾発祥の地の碑がある。

最初の塾生は、藩中の子弟や聞き伝えてきた他藩の者など数人で、単に福沢塾と呼ばれた。部屋らしい部屋もろくになかったらしく、門人によると、「下が六畳一間だけ、二階は十五畳ばかりの間があり、下の六畳の間には畳が三枚敷いてあって、二畳の所に先生が居て、片隅の一畳の所に私（足立寛）が居た」（『慶応義塾百年史』）という。塾の原型として、ロマンチックでさえある。

幕府が倒壊した慶応四年（明治元年）、福沢は芝の新銭座《しんせんざ》（港区浜松町）に居を移し、当時の元号から慶応義塾と称したのが現在に至っている。しかし新銭座は低湿地で、福沢が体調を崩したため、門人が見つけてきたのが、三田の高台にある旧島原藩の中屋敷である。明治四年、慶応義塾は新銭座から三田に移った。

明石町《あかしちょう》に西洋医学の夜明け

「築地明石町」といえば鏑木《かぶらぎ》清方の美人画が思い出される。地名は、ここに住んだのが、播磨《はりま》明石から移住した漁民だったためとか、佃島《つくだじま》を淡路島に見立てて対岸の明石の浦としゃれたためとかいわれている。

明石町の聖路加病院前ロータリーには、慶応義塾発祥の地の碑と並んで、もう一つ「蘭学《らんがく》事始の碑」がある。

『蘭学事始』は、杉田玄白の著書だが、玄白は新大橋の若狭《わかさ》小浜藩酒井侯の中屋敷から、先輩の前野良沢《りょうたく》がいる鉄砲洲《てっぽうず》の奥平侯中屋敷まで通ったのである。むろん、蘭書『ターヘル・アナトミア』(解剖図譜)を友人の中川淳庵、桂川《かつらがわ》甫周《ほしゅう》(四代)らと翻訳するために。それは明和八(一七七一)年、十代将軍家治の時代である。

雨もよいの三月三日の夜、玄白は、町奉行の筋から特別な情報を聞き込む。明朝、千住の骨ガ原(小塚原)で刑死者の腑分《ふわ》け(解剖)をするから見学してもよ

聖路加病院

聖路加病院旧棟

中央区明石町 9-1

最寄駅：地下鉄有楽町線「新富町駅」，日比谷線「築地駅」

1902（明治 35）年創設。関東大震災で焼失後，アメリカ人 A.レイモンドや，J.バーガミニーらの設計で再建された。1992（平成 4）年の新病院完成後も，チャペル部分は当時のまま残されている。

いというのである。玄白は良沢や淳庵に急ぎの手紙を送る。良沢四十九歳、玄白三十九歳、淳庵三十三歳。この人たちが翌朝早く顔をそろえる。それは西洋医学の夜明けでもあった。

苦心の訳書『解体新書』が、禁制の咎《とが》めを受けることもなく日の目を見た背景には、桂川甫周の父で、幕府お抱え医師だった甫三《ほさん》の周旋が絶大だった。

時が移って、先に述べたように幕末に福沢諭吉は同じ奥平藩邸で塾を開く。諭吉は、近くにあった蘭学の宗家、桂川甫周（七代）の屋敷に足繁《しげ》く出入りしている。

その娘みねの回想。「私が六つか七つぐらいの時分に、福沢さんにおぶさって行ったことがございます。そのせなかは幅が広くってらくだったことをいつも思いだします。普通は駕籠《かご》でなければ、出られないのですが、福沢さんがかまわずそっとつれだして下さいましたので、はじめて大川を見て大きなお池だとびっくりいたしました」（今泉みね『名ごりの夢――蘭医桂川家に生れて』平凡社東洋文庫）

歴史の糸が織りだした鮮やかな人間模様である。

開化の先端、築地居留地

黒船来航でアメリカなどと開国の条約を結んだ幕府は、首都である江戸にも外国人居留地を設けなければならないことになった。

幕府がその適地として選んだのが、隅田川の河口で、武家屋敷が多かった築地明石町である。紅毛人の上陸は、物見高い江戸っ子にとって恐いもの見たさの好奇心をかきたてる一方、神国日本の穢《けが》れとする排外思想も強く、地元の反対運動で居留地建設工事ははかどらなかった。

当時の築地がどう見られていたかを、明治七年の服部誠一著『東京新繁昌《はんじょう》記』は雄弁に語っている。

「此《こ》の地舟楫《しゅうしゅう》の利有《あ》るに因《よ》つて元《もと》舟子漁夫の巣窟《そうくつ》と為《な》り、市街狭斜、屋宇破壊、中央一空地有り。塵芥《じんかい》山を為《な》し犬尿《けんにょう》丘を作《な》す。都人呼んで築地の原と謂《い》ふ。都下に入つて曠原《こうげん》を見る、特《た》だに此の地耳《のみ》」

荒れ果てた武家屋敷の跡で、ごみの山ができ、野良犬の集まる野原だったとい

聖ルカ記念館（病院付属の宣教師会館）

うのである。居留地が開設されたのは、維新の転換のあとで、明治元年になっている。『東京新繁昌記』が、「全く積年の塵埃《じんあい》を掃《はら》つて新《あらた》に一繁華の地を開く」と表現する通り、これで町の姿が一変した。

居留地には異人館ができ、洋風ホテルが建設され、教会や学校がつぎつぎと作られた。文明開化の最先端が築地に出現したのである。

銀座通りに斬新《ざんしん》な洋風の煉瓦《れんが》街ができたのは明治七年のことだが、これも築地居留地の外国人がよく買い物に出てくることを意識して、明治の新政府が思い切って実現させたもの。

『築地警察署史』には、スクラップ・ブックが初めて販売されたのも銀座だとある。時は明治二十八年。売り出したのは京橋区采女町《うねめちよう》二四番地（銀座五丁目）の警醒社《けいせいしや》で「弊店泰西に此物あるを知り、ここに諸彦《しよげん》の為《ため》に之《これ》を製す」と意気ごんでいる。

采女町の名は、ここに今治藩主松平采女正《しよう》の屋敷があったからである。

築地の梁山泊《りょうざんぱく》、新喜楽

毎年、受賞者が話題になる芥川賞、直木賞は、昭和十年に創設された。文藝春秋社を創業した作家の菊池寛が亡友の芥川龍之介、直木三十五の業績を記念するために制定したものである。第一回受賞者は、芥川賞が石川達三の『蒼氓《そうぼう》』、直木賞が川口松太郎の『風流深川唄《うた》』『鶴八鶴次郎《つるはちつるじろう》』であった。

創設当初に文藝春秋勤務の編集者として事務一切を執った永井龍男《たつお》は、のちに作家として独立し、直木賞、芥川賞の銓衡《せんこう》委員を務めた。その著『回想の芥川・直木賞』（文春文庫）に、こんな一節がある。

「戦前戦中の銓衡会場は、芝公園の浪花家《なにわや》とか赤坂山王の星ケ岡《ほしがおか》茶寮とかを、交互に使った。前後三回に及ぶことも珍しくはなかったので、気分を変えるためにもそれが必要だったが、戦後は築地の新喜楽ときまって、今日まで動いたことは一度もないだろう。

大柄で、貫禄《かんろく》たっぷりな女将《おかみ》さんが、玄関内にどっしり座を構えてわれわれを

新喜楽

新喜楽

中央区築地 4-6-7　電話 03-3541-5511

最寄駅：地下鉄日比谷線「築地駅」，都営大江戸線「築地市場駅」

政治家の会合にもよく使われる高級料亭。1975（昭和 50）年，元首相・佐藤栄作がこの料亭で会食中に脳溢血で倒れ，15 日後に息を引き取った

迎える。

鎌倉から出て行き、新橋駅からぶらぶら銀座通りを歩き、昭和通りを突切って築地川添いに真直《まっす》ぐ数分、左へ曲るとその角が新喜楽である」

住居表示でいえば、中央区築地四丁目六番。幕末には旗本戸川捨二郎の邸宅だったが、維新後に大隈重信が払い下げを受けて住んだ。明治の元勲、伊藤博文や井上馨《かおる》らがここに入りびたるようにして政治外交を論じたので、築地の梁山泊《りょうざんぱく》と異名をとった。大隈がここを引き払って早稲田に移ったあとは、海軍の操練場となり、狐《きつね》や兎《うさぎ》の出没する荒野に変わってしまった。日本橋茅場町《かやばちょう》から喜楽がここへ移転したのは明治二十一年のことだという。

荒れてはいたが、銀座や丸の内に近く、しかも潮風の香る東京湾が目の前にある。喜楽の女将は伊藤博文、大倉喜八郎らとも親交のあった女傑で、その目に狂いはなかった。新喜楽と改名したのは、大正二年、二代目女将の時である。

隅田川名物、勝鬨橋《かちどきばし》の変転

東京の隅田川には、二十・九キロのあいだに三十の橋がある。橋梁《きょうりょう》密度は一キロあたり一・四の割り合いである。景観工学の専門家で、橋の研究をしている伊東孝氏がこれをパリ、ローマ、ロンドンと比較調査している（『東京の橋』鹿《か》島《しま》出版会）。

パリのセーヌ川（十二・七キロ）には三十九橋、ローマのテーヴェレ川（十・二キロ）には二十五橋、ロンドンのテームズ川（十五・七キロ）には二十一橋で、それぞれの橋梁密度は三・一、二・五、一・三になる。いちばん橋が多いのはパリで、ローマがこれに次ぎ、東京とロンドンはパリの半分以下である。

橋の姿は、町の歴史や文化を反映する。隅田川の橋のなかで、一風変わった特徴を持つのが勝鬨橋《かちどきばし》である。

この橋は全長二百四十六メートル、幅二十二メートル。中央部が跳ね橋で、「ハ」の字型に開き、三千トン級の船舶が通過できる構造になっている。

ここには月島との間を結ぶ「かちどきの渡し」があった。日露戦争の旅順陥落を祝って生まれた名称である。昭和六年に着手された架橋工事は同十五年六月にようやく完成した。新しい橋の名も勝鬨橋となったが、橋のその後は変転の道である。

跳ね橋といえば、ゴッホの作品でよく知られるオランダが思い浮かぶ。運河の町が多いオランダでは、橋番が舟を見ると橋を開き、船頭さんは通り抜けながら橋番がサオの先にぶら下げて突き出す空き缶のなかに通行料を投げこんでいったという。

勝鬨橋ができたころは、隅田川が市内輸送の大動脈で、沿岸の倉庫などへ出入りする貨物船の航行が頻繁だったから、一日のうちに開橋は五回に及んだ。約七十秒で上方七十度まで跳ねあがるダイナミックな景観は、東京の新しい風物詩として見物人を集めたほどである。

第二次大戦後、月島や晴海への陸上交通量が激増したため朝夕各一回の開橋となり、さらに東京港の岸壁、埠頭《ふとう》の整備が進んで、いまでは「開かずの橋」になっている。

勝どき橋

勝鬨橋

中央区勝どき1丁目

最寄駅：都営大江戸線「勝どき駅」

銀座からそのまま晴海通りを下ると勝鬨橋に至る。橋を渡って勝どき1丁目交差点を左折し，西仲橋を渡ると，そこが「もんじゃ焼」の発祥地として知られる「月島」。西仲通りには約600メートルに渡って「もんじゃ焼」の店が並んでおり，どこに入るべきか迷うほど

江戸情緒、佃《つくだ》の渡しは五厘《りん》

細い露路にさっぱりと打ち水をし、家々の玄関先にはツツジや朝顔の植木鉢が所狭しと並べられている。そんな江戸の下町の風情《ふぜい》を残す町として知られているのが佃島《つくだじま》である。

佃煮の名の発祥地といえば祭しもつくが、この島は漁民の町だった。東照神君家康公からの拝領地というのと、歴代将軍の御膳《ごぜん》に江戸前の白魚を献上するというのが佃島の人たちの自慢だった。

『江戸名所図会《ずえ》』にも、天正年間に摂津の神崎川（兵庫県）にさしかかった家康が渡船に難渋するのを見て近くの佃村漁民が助け舟を出した故事が記され、さし絵に白魚網の風景が生きいきと画かれている。江戸城に入った家康がわざわざ摂津佃村の漁民たちを手もとに呼び寄せたというのである。

昭和三十九年の佃大橋の完成で姿を消してしまったが、中央区明石町と佃島の間を結んでいた佃の渡しも、隅田川風物詩の一齣《こま》だった。

佃の渡し

佃の渡船場の碑

中央区佃 1-2-10

最寄駅：地下鉄有楽町線・都営大江戸線「月島駅」

すぐ近くに，佃煮の老舗，天安（佃 1-3-14）や田中屋（佃 1-3-13）がある。また，東京都の無形民俗文化財に指定されている「佃島の盆踊り」は，毎年 7 月中旬に，この佃 1 丁目界隈で披露される

この佃の渡しの定期運航を明治十六年に創設したのが大倉組（現・大成建設）というのも奇縁である。その前年の明治十五年、荒川に大洪水が起こった。江戸時代から東京の各河川は川底が浅く、舟運には悩みが多かったが、この洪水で上流から大量の土砂が押し流されたため、海上交通は文字通り浅瀬に乗り上げてしまった。財政難の明治新政府もさすがに放置できなくなり、東京府が浚渫《しゅんせつ》工事に着手した。

この工事を請け負ったのが大倉組である。浚渫計画は干潮時の水深を六尺（一・八二メートル）とし、石川島あたりまで舟を入れられるようにしようというものだった。このため、作業員や用具、資材を運ぶ手漕《てこ》ぎ舟が頻繁に隅田川を渡り、佃の渡しを生むきっかけになった。

渡し料金は一人五厘《りん》、郵便料金も五厘の時代で、またの名を五厘の渡しといって親しまれたが、大正十五年東京市営に引き継がれて無料となった。いま、両岸に佃島渡船跡の碑が立っている。

石川島が語る近代化の歩み

元禄期の俳人宝井其角《きかく》に、こんな句がある。

名月やここ住吉のつくだ島

神君家康公とのコネで佃島に住みついた漁民たちは、幕府御用達《ごようたし》の白魚漁を誇りにしたが、江戸前の漁場が遠のくにつれて方向転換を余儀なくされた。名物の佃煮と、郷里の大阪から迎えた海の守護神、住吉神社が往時の面影を伝えている。

佃島の北隣にあった洲《す》が、石川島である。寛永三（一六二六）年、舟手衆《ふなてしゅう》（幕府の職名。海運の管理に当たった）石川八左衛門が家光から拝領して、ここに住んだため、その名がある。石川島の歴史を、矢田挿雲《やだそううん》『江戸から東京へ』は、次のように軽妙に描写している。

「昔は鬱蒼《うっそう》たる森林が繁茂し、これを遠望すれば、森の形が武者人形のように見えたので、森島または鎧島《よろいじま》といったそうだが、（中略）白河楽翁《らくおう》公が執政時代の寛政年間に、火付強盗改役《あらためやく》——今日の警視総監または捜索係長の如《ごと》き役——の

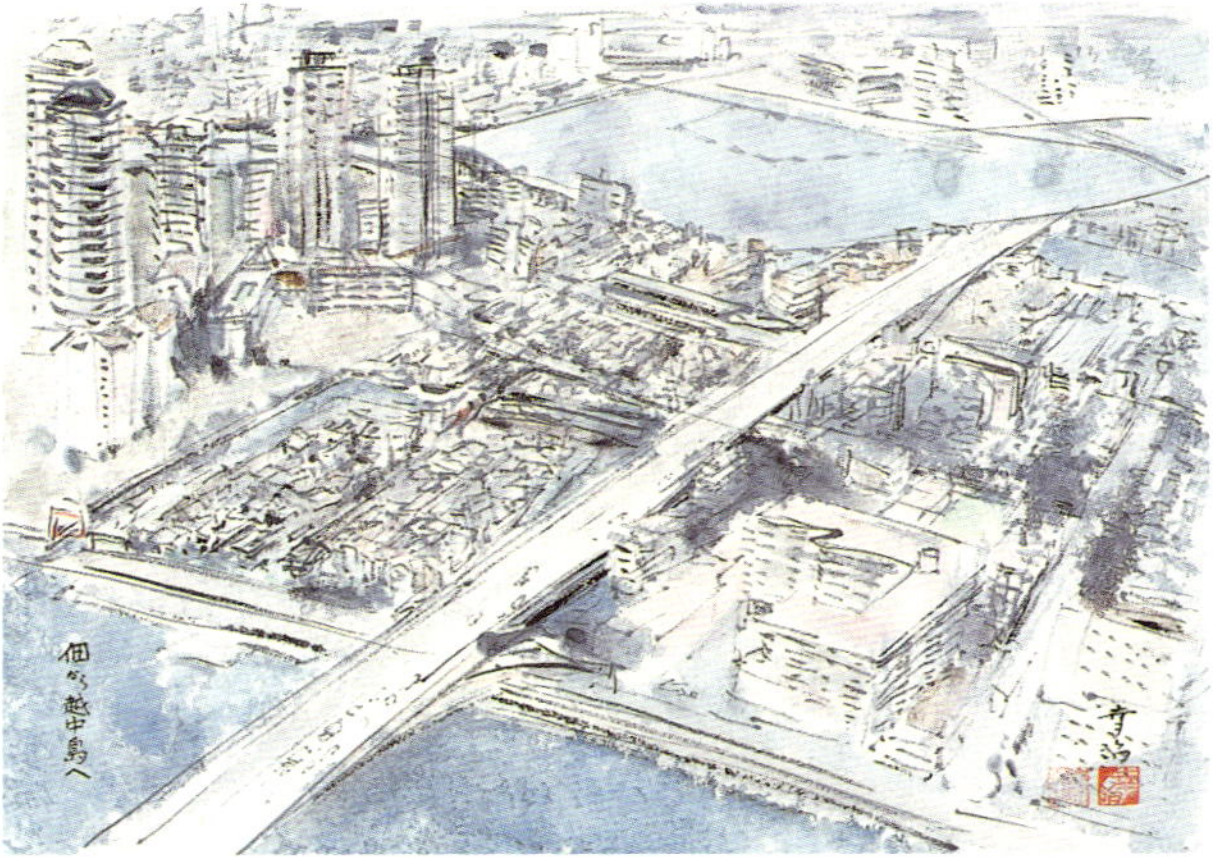

佃から越中島へ

住吉神社

中央区佃 1-1-14　電話 03-3531-3500
最寄駅：地下鉄有楽町線「月島駅」
3年に一度，8月6日に近い日曜を含む3日間にわたり大祭が開かれる。神社から大きな獅子頭を出す「獅子頭宮出し」や，神輿を担いで沿道を練り歩く人たちに水を浴びせる「水かけ神輿」などで，大いに盛り上がる。また，住吉神社は東洲斎写楽終焉の地とも伝えられている

長谷川平蔵という才物が建言して、ここに浮浪者の授産場を設け、不良の徒をこの孤島に抑留し、一定の業務を与えた。その授産場を人足寄場《よせば》と何気なき体によんで、懲治場《ちょうじば》とも懲役場ともいわないのは、徳川政治の粋《いき》なところである」

白河楽翁公、つまり松平定信が平蔵の建言を入れ、寄場をつくったのが寛政二（一七九〇）年のこと。隣の佃島の風流とは趣を異にする。

黒船来航の嘉永《かえい》六（一八五三）年、水戸の徳川斉昭《なりあき》がここに日本最初の洋式造船所を建設したことから、石川島にも新時代が訪れる。明治維新後、これが海軍省から民間に払い下げられ、現在の石川島播磨重工業へと発展していることは周知の通りである。

石川島は、明治五年、南隣の佃島と合併して、町名も佃島となっている。寄場は維新後も監獄として使われたが、明治二十八年、巣鴨《すがも》監獄へ移り、石川島の名は造船所に残るだけとなった。いまの地名は、中央区佃である。

丸の内・皇居界隈

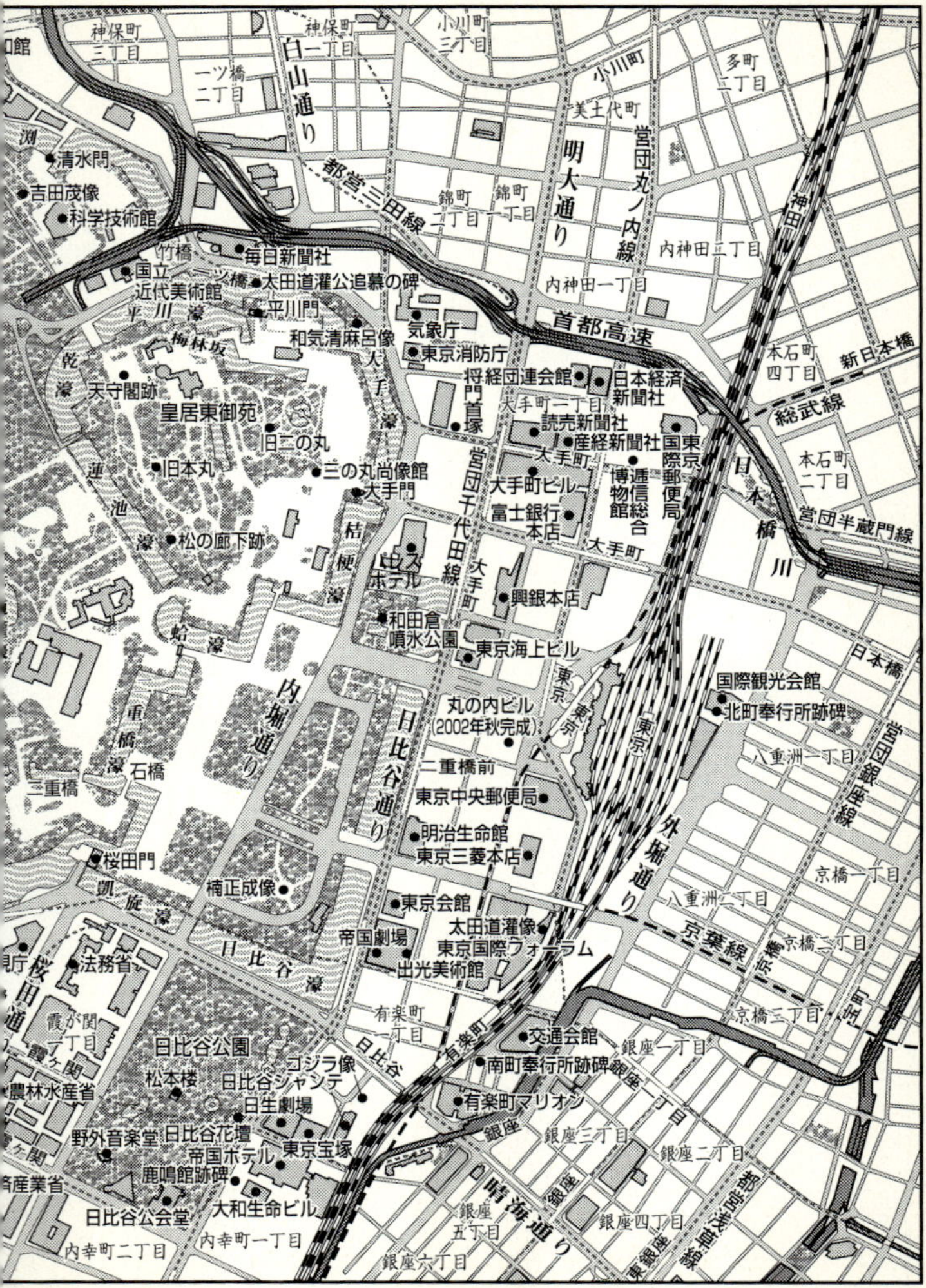
神保町三丁目
神保町
白山通り
一ツ橋二丁目
小川町三丁目
小川町
多町二丁目
美土代町
明大通り
営団丸ノ内線
都営三田線
錦町二丁目
錦町一丁目
神田
内神田二丁目
内神田一丁目
清水門
吉田茂像
科学技術館
竹橋
毎日新聞社
国立近代美術館
一ツ橋
太田道灌公追慕の碑
平川濠
平川門
和気清麻呂像
梅林坂
気象庁
東京消防庁
大手濠
首都高速
本石町四丁目
新日本橋
乾濠
天守閣跡
将門首塚
経団連会館
日本経済新聞社
皇居東御苑
大手町一丁目
総武線
旧二の丸
読売新聞社
国際郵便局
東京
産経新聞社
本石町二丁目
蓮池濠
旧本丸
三の丸尚像館
大手門
大手町
逓信総合博物館
日本橋川
大手町ビル
営団千代田線
富士銀行本店
営団半蔵門線
松の廊下跡
桔梗濠
パレスホテル
大手町
大手町
興銀本店
和田倉噴水公園
蛤濠
東京海上ビル
日本橋
国際観光会館
北町奉行所跡碑
内堀通り
東京
丸の内ビル
(2002年秋完成)
重橋濠
石橋
日比谷通り
八重洲一丁目
営団銀座線
二重橋前
二重橋
東京中央郵便局
外堀通り
明治生命館
東京三菱本店
京橋一丁目
桜田門
八重洲二丁目
凱旋濠
楠正成像
東京会館
京葉線
太田道灌像
京橋二丁目
帝国劇場
東京国際フォーラム
京橋
桜田通
法務省
出光美術館
日比谷濠
有楽町一丁目
有楽町
京橋三丁目
宝町
霞が関一丁目
交通会館
銀座一丁目
日比谷
霞ケ関
日比谷公園
南町奉行所跡碑
銀座一丁目
農林水産省
ゴジラ像
松本楼
日比谷シャンテ
有楽町マリオン
日生劇場
銀座
銀座三丁目
野外音楽堂
日比谷花壇
東京宝塚
銀座二丁目
帝国ホテル
都営浅草線
鹿鳴館跡碑
晴海通り
銀座
産業省
大和生命ビル
銀座五丁目
銀座四丁目
東銀座
日比谷公会堂
内幸町二丁目
内幸町一丁目
銀座六丁目

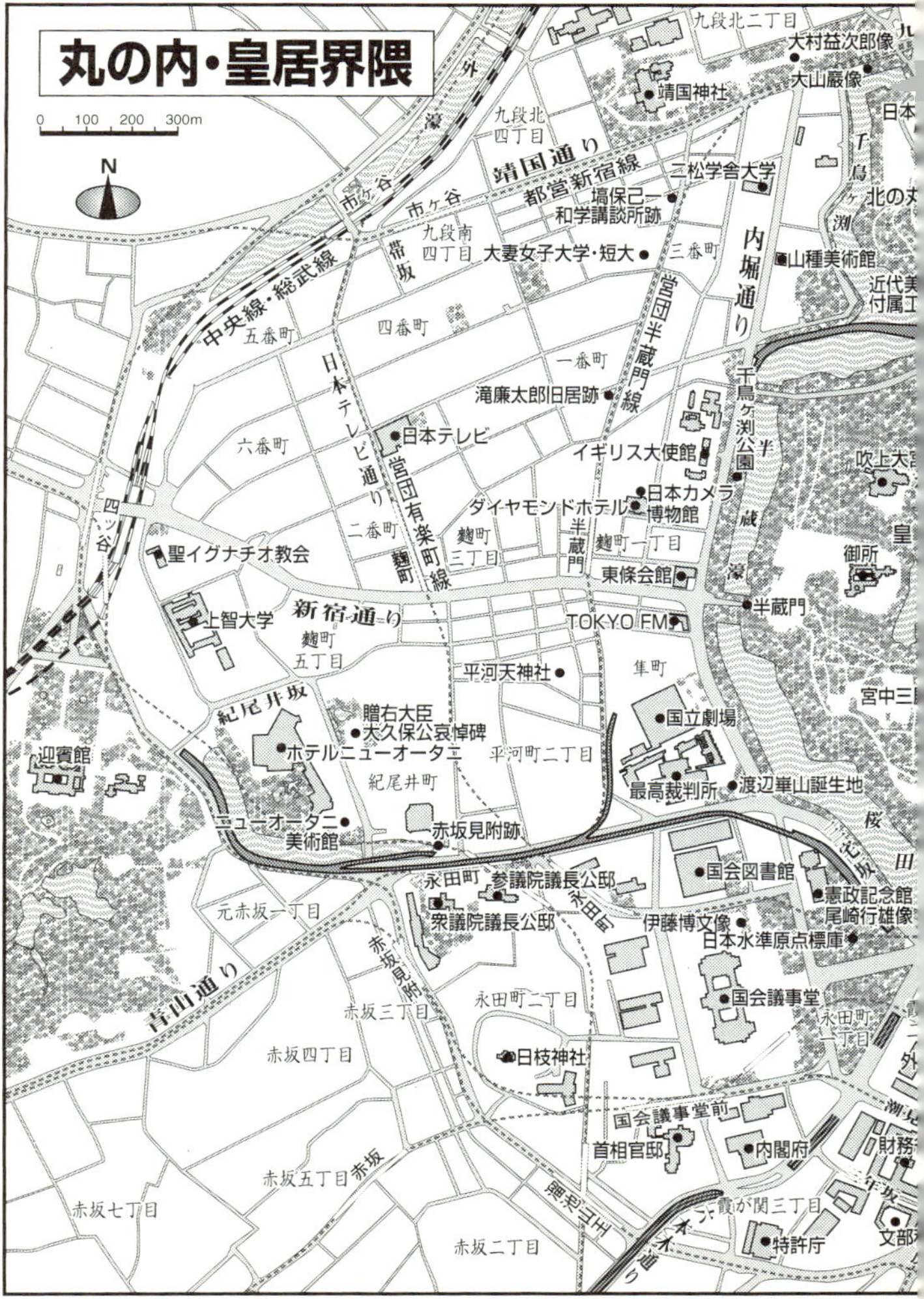

丸の内・皇居界隈
0 100 200 300m
N
九段北二丁目
大村益次郎像
大山巌像
靖国神社
日本
外
濠
九段北
四丁目
靖国通り
都営新宿線
二松学舎大学
塙保己一
和学講談所跡
市ヶ谷
市ヶ谷
九段南
四丁目
帯坂
大妻女子大学・短大
三番町
内堀通り
千鳥ヶ淵
北の丸
山種美術館
近代美
付属工
中央線・総武線
五番町
四番町
営団半蔵門線
一番町
千鳥ヶ淵公園
日本テレビ通り
滝廉太郎旧居跡
日本テレビ
六番町
営団有楽町線
イギリス大使館
半蔵濠
吹上大
日本カメラ博物館
ダイヤモンドホテル
四ッ谷
二番町
麹町三丁目
半蔵門
麹町一丁目
皇
御所
聖イグナチオ教会
麹町
東條会館
新宿通り
半蔵門
上智大学
TOKYO FM
麹町五丁目
平河天神社
隼町
宮中三
紀尾井坂
国立劇場
贈右大臣大久保公哀悼碑
迎賓館
ホテルニューオータニ
平河町二丁目
紀尾井町
最高裁判所
渡辺崋山誕生地
桜田
ニューオータニ美術館
赤坂見附跡
国会図書館
永田町
参議院議長公邸
憲政記念館
元赤坂一丁目
衆議院議長公邸
永田町
伊藤博文像
尾崎行雄像
日本水準原点標準庫
赤坂見附
国会議事堂
青山通り
赤坂三丁目
永田町二丁目
永田町一丁目
赤坂四丁目
日枝神社
外
国会議事堂前
首相官邸
内閣府
財務
赤坂五丁目
赤坂
赤坂七丁目
外堀通
霞が関三丁目
赤坂二丁目
特許庁
文部

八重洲《やえす》の昔は丸の内

夕立を四角に逃げる丸の内

突然の夕立に巨大なビルの周囲を逃げまどうサラリーマン、と思ってしまうが、実はこれが江戸の古川柳なのである。

「丸の内」の地名は、江戸城の曲輪《くるわ》＝丸の内部という意味。徳川家康は関ケ原の一戦で天下の覇権をにぎると、ようやく江戸城の大修築にとりかかり、太田道灌《どうかん》時代の牧歌的な城は一変した。日比谷が室町時代まではヒビ（海苔《のり》ソダのこと）を立てて海苔のとれた入江だったことはよく知られているが、東京湾に臨むわびしい漁村がみるみる江戸城の外郭に取りこまれ、十万石以上の大名がきらびやかな門や塀を構えるお屋敷町に変わってしまった。大きな四角い敷地をお定まりの長い白い塀で囲っているから、夕立に見舞われたら格式張った侍も町人もびしょ濡《ぬ》れで四角いコーナーを逃げなければならなかった。

ついでながら、八重洲の名のおこりは、日本に漂着したオランダ船員ヤン・ヨ

雨の丸の内

明治生命館

千代田区丸の内 2-1-1　電話 03-3283-8526

最寄駅：地下鉄千代田線「二重橋前駅」

1934（昭和 9）年竣工，設計・岡田信一郎。1997（平成 9）年，昭和の建造物として初めて国の重要文化財に指定された。毎月第 1 日曜（1 月・5 月は第 2 日曜）の 10：30 から 16：30 の間は本館が公開されている。10 人以上の団体での見学は要電話予約

ーステンが家康から屋敷を与えられて住んだところだったからだ。家康に国際情勢を教えるとともに外国貿易で巨利をあげ、家康の資金パイプにもなった。ちょうど現在の明治生命館や三菱商事ビルなどが並ぶお濠端《ほりばた》がヤヨス（八重洲）河岸《がし》と呼ばれた。そんなことはない、八重洲は皇居寄りでなく東京駅の日本橋寄りではないか、と不審がられる向きが多いにちがいない。

明治の頃まで日本橋、京橋方面から丸の内へ入るには外濠を渡らなければならなかった。明治十七年、呉服橋と鍛冶橋《かじばし》の間に、丸の内の「八重洲」へ通じる八重洲橋が、あらたに架けられている。この橋のあったのが、ちょうど現在の東京駅八重洲口。つまり、東京駅建設工事とともに外濠が埋め立てられ、八重洲橋も運命をともにして姿を消し、日本の表玄関である東京駅八重洲口に名を残したというわけである。

大正三年開業の東京駅、当初は丸の内側にしか乗降口はなく、昭和四年にやっと八重洲口ができた。これは、関東大震災後の復興計画のなかで八重洲橋が復活したためだが、戦後の外濠埋立て工事で、昭和二十二年末にこの八重洲橋も消滅している。

草っ原の中に東京駅誕生

明治十五年十一月に東京府が入札公告を出している。

「数寄屋橋外《すきやばし》　外濠《そとぼり》掃除ならびに蓮根《れんこん》払い下げ候《そうろう》につき望みの者は当府土木課へ出頭……入札差し出すべし」

いまでは数寄屋橋も姿を消し、外濠も埋め立てられて高架自動車道路と地下鉄線路に変わっているが、明治時代には蓮《はす》が一面に広がる江戸城の外濠だった。夏の朝には紅白の花が咲きみだれ、銀座界隈《かいわい》の見物客でにぎわった。だからこそ、濠の掃除を請け負えば蓮根を払い下げるというわけだ。

江戸城中の茶礼、茶器を掌《つかさど》り、数寄屋坊主《ぼうず》を総括する数寄屋役人の公宅がすぐそばにあったので数寄屋橋と名付けられた。ついでにいえば、有楽町の地名は、ここに織田有楽斎《うらくさい》（信長の弟、高名な茶人）の屋敷があったからである。

明治に入って鉄道の敷設工事がさかんに進められ、明治五年新橋―横浜間に汽笛一声鳴り響いたのを皮切りに、同十六年に上野―熊谷間（現高崎線）、同十八

東京駅

東京ステーションギャラリー
千代田区丸の内1-9-1 東京駅丸の内中央口構内
電話 03-3212-2485
開館 10：00～19：00（土・日・祝～18：00）月曜休館

年に赤羽―品川間（途中駅は板橋、新宿、渋谷、目黒）、同二十二年に新宿―立川間（現中央線）とつぎつぎに文明開化の列車網が広がった。

こうなると、新橋から上野まで汽車を通せという声が高まる。ちょうど外濠沿いに北へ向かって、数寄屋橋、呉服橋、万世橋から御徒町《おかちまち》を通って上野へ。しかも、このころから汽車にかわって煙害のない電車がお目見得しはじめる。

政府も首都の鉄道網を接続させ、その中心に代表的中央停車場を建設するプランを立てた。いうまでもない。現在の東京駅である。

有名な鹿鳴館《ろくめいかん》の設計者ジョシア・コンドルが工部大学校（東大工学部）で育てた一番弟子、辰野《たつの》金吾《きんご》に白羽の矢が立ち、明治三十九年、設計に着手する。

一方、路線も四十三年には有楽町駅、呉服橋駅へと伸びる。そして大正三年、草っ原の丸の内に壮大な赤煉瓦《れんが》の停車場が完成し、仮駅の呉服橋駅に代わって中央駅である東京駅が、開業した。

江戸を東京にした幕臣前島密《ひそか》

幕末の動乱は、外国人の目からみれば、内乱であった。英国が官軍寄り、フランスが幕府寄りに動いたことはよく知られている。しかし、表面的には局外中立を守って動向を注視する。討幕軍が江戸に入城し、将軍慶喜《よしのぶ》がひたすら恭順の意を示すにおよんで勝負はついた。明治元年十二月、米英仏蘭伊独六か国は局外中立の解除を布告する。つまり天皇の新政府を認めたわけである。

政権を掌握した新政府は、いちはやく人心一新の方策を考えた。洋の東西を問わず、新体制が発足するときには首都を変えることが多い。大久保利通《としみち》がひそかに考えていたのは大阪遷都《せんと》だった。

郵便という訳語を考えるとともに郵便制度を持ちこんだことで有名な前島密《ひそか》は、越後高田藩の出身で、幕臣の養子に入った人である。たまたま薩摩《さつま》藩で英学を教えた縁もあり、思い切って大久保あてに江戸遷都を薦める建白書を送った。大阪の町は首都とするには狭小であるが、江戸には皇居としてすぐ使える江戸城をはじめ、諸藩の藩邸もあるから官庁や学校に充《あ》てることができるというのである。

大久保が大阪遷都を提議したのは慶応四年（明治元年）正月だが、前島案に大きく動かされた。木戸孝允《たかよし》からは、京都を帝都、大阪を西京、江戸を東京とする案が出た。新政府が「今ヨリ江戸ヲ称シテ東京トセン」と詔書を発したのは七月十七日のことである。

最初に東京府庁が置かれたのは現在の内幸町一丁目、旧大和郡山《こおりやま》藩柳沢邸だった。諸官庁も江戸城周辺の大手町、丸の内、霞が関の諸大名の屋敷が利用された。前島密の建白どおりに進んだのである。

東京からの遷都論が、大正十二（一九二三）年の関東大震災後に大きく浮上したことがある。大震災の被害があまりにも大きかったためだが、このときは首都の復興こそ、人心を安定させる緊要事という意見が大勢を占めた。諸官庁が霞が関に集中したのは大震災後である。

日本橋郵便局

郵便発祥の地・日本橋郵便局

中央区日本橋 1-18-1

最寄駅：地下鉄銀座線・東西線，都営浅草線「日本橋駅」

1871（明治 4）年，東京・大阪間で新式郵便制度の取り扱いが始まった時，東京の郵便役所として設置された「郵便発祥の地」。前島密の胸像も入り口にある

三菱ケ原と化した大名小路《こうじ》

江戸時代には十万石以上の大名屋敷がずらりと並び、俗に大名小路と呼ばれた丸の内も、明治維新後は殿様の環境が一変して、またたくうちにさびれてしまった。

加賀藩医の血筋をひき、大正から昭和初年にかけて報知新聞の名文記者として鳴らした矢田《やだ》挿雲《そううん》の『江戸から東京へ』には次のように記録されている。

「維新後大名屋敷が取払われ、日比谷公園のところから大手町方面へかけての鍵《かぎ》の手に近衛《このえ》の練兵場が設けられ、京に田舎の本文通り茫漠《ぼうばく》たる原野となって、日暮から通る者もない往古の武蔵野《むさしの》にかえったが、明治二十三年、陸軍省でいよいよ持てあまして、渋沢、大倉、岩崎、三井等の富豪を招き、懇願的に払下げの相談に及んだところ、誰ひとり引受人がなく、結局岩崎が貧乏籤《くじ》をひいたつもりで、十万七千三十坪弱を百三十万円弱、即ち坪十円強で払下げた」

銀座の地価は、ぐんと高くて坪三十〜五十円だった。とはいうものの、羽振り

三菱ビルヂング街

三菱史料館

文京区湯島 4-10-14　電話 03-5802-8673

最寄駅：地下鉄千代田線「湯島駅」

開館 10：00〜16：30　土曜・日曜・祝日，年末年始休館

岩崎彌太郎の孫，彦彌太の屋敷跡に建つ。三菱創業以来の歴史が一目瞭然

のいい官員さまの月給が二十円、米一斗の値段が一円という時代である。決して簡単な買いものではなかったはずである。

一般市民の間には「岩崎が政府に押しつけられた」という噂《うわさ》が流れ、側近が「お金をドブ川へ捨てるようなものです」と心配すると、三菱の二代目弥之助は「なあに、竹でも植えて虎《とら》を飼うか」と笑ったという伝説もある。

明治二十三年三月、かつての大名小路一帯は岩崎の一人占めとなり、身の丈《たけ》ほどもある雑草の生い茂る荒れ野のまま、三菱ケ原と呼ばれた。だがしかし、岩崎は本当に政府に押しつけられたのだろうか。

そこには、矢田挿雲も触れているように、渋沢栄一、大倉喜八郎といった明治財界の巨頭たちがずらりと登場している。渋沢や大倉に丸の内の洋々たる未来が読めないはずはない。

事実、丸の内を民間オフィス街にと根回ししたのは渋沢等で、激しい争奪戦の末に岩崎の手に落ちたのである。

丸の内の運命を決めた電報

「丸の内は、いやに陰気で、さびしい、荒涼とした、むしろ衰退した気分が満ちわたっていて、宮城も奥深く雲の中に鎖《とざ》されているように思われた」(田山花袋《かたい》『東京の三十年』講談社文芸文庫、ほか)

明治の自然主義文学の旗手だった花袋は、明治二十年ころの濠端《ほりばた》風景をそう記録している。

東京の市区改正計画で丸の内は商用地域と色分けされたが、誰がどのような街に育てるかは決まっていなかった。江戸の大名屋敷跡を練兵場や軍用施設として使っていた陸軍も、巨額の移転費を払い下げで捻出《ねんしゅつ》しようと総額百五十万円の線を譲らない。そのうえ、一括払い下げというのだから、簡単ではない。

渋沢栄一、大倉喜八郎、三井、三菱など財界の巨頭が名乗りをあげたが、微妙なかけひきが続く。三菱の総帥《そうすい》岩崎弥太郎は明治十八年に世を去り、弟の弥之助が二代目を継ぎ、三菱の体制立て直しに懸命だった。それというのも、海運事業

丸の内三菱街

で発展してきた三菱に対し、渋沢・三井グループが共同運輸という新会社を設立し、激烈な乗客の争奪戦を展開した直後のことだったからである。海の戦いは、結局両社が合併して日本郵船を設立することになり、三菱の多年の海上独占に終止符が打たれたばかりだった。

こんな時代背景のなかで、一時は三菱が一括払い下げを受けたあと、渋沢グループと分配し直すという妥協案も出た。

だが、どたん場で岩崎弥之助の腹を固めさせたのは、イギリスからの一通の電報だった。発信は三菱の大番頭、荘田《しょうだ》平五郎。文面は「カウベシ」だった。

そのころ荘田は造船業視察のため欧州旅行中で、旅先であらためて「日本も早く西洋風のビジネス街を建設せねば」と痛感していた折も折、日本から届いた新聞に丸の内練兵場が売りに出ているのを見て、ただちに電報を打ったという。海から撤退した三菱が、丸の内という陸の根拠地を築いたわけである。

丸ビルと高浜虚子の先見性

「丸の内ビルヂング」が東京駅前に完成したのは大正十二年二月のこと。当時の東京市麹町《こうじまち》区永楽町一丁目一番地（現・千代田区丸の内二丁目）だ。

地名は江戸草創のころ永楽銭の両替をした場所という説と、入湯料永楽銭一文の風呂《ふろ》があったという説と、二つある。明治五年からの由緒《ゆいしょ》ある町名だったが、昭和四年に丸の内一、二丁目に改編された。町名は消えたが、昭和二十七年、新丸ビルの隣に旧町名を冠する永楽ビルが建設された。一方、ビルが「ビルヂング」の略称として通用するのは、丸ビル誕生以後のことである。

丸ビルはモダンなオフィス・ビルというだけでなく、アーケード商店街をビル内に取りこんだ点でも画期的だった。テナント募集にいちはやく応じた店子のなかに俳人の高浜虚子がいる。俳誌『ホトトギス』の事務所を置くというのである。この申し込みに三菱の地所部長、赤星陸治も面喰らった。「先生は牛込のご自分の家で箱火鉢をなでながら日本机に向かって俳句の選をしている人。文明の先端

丸の内ビルヂング

を行くオフィス・ビルに飛びこんできて、あとで後悔されては……」

住まいは畳に障子、身なりは和服に下駄《げた》の時代である。

事実、創業当時の丸ビルには下駄の預所が用意された。エレベーターに乗って恭《うやうや》しく正座する人、廊下に唾《つば》を吐く人、水洗便所の使い方を知らない人。これらの人々が帝都の新名所を見ようというので雑踏した。赤星はビル内の作法を説いた『安全第一　ビルヂング読本』と題する啓蒙書《けいもうしょ》を出している。

むろん、虚子にそんな啓蒙の必要はなかった。逆に、虚子は時代の先端を行くビルに入って新しい俳句の世界を開拓しようとねらったのである。卓見に敬服した赤星は、このあと虚子の門下になっている。

三菱の総帥《そうすい》、岩崎弥之助が明治時代に描いた丸の内開発構想は、新時代をみごとに予見していた。いま、平成の丸の内再構築をめざす三菱地所は丸ビルの建て替えに着手し、平成十四（二〇〇二）年に新しい丸ビルが竣工《しゅんこう》する。また、永楽ビルと日本工業倶楽部の街区も歴史的景観を保存する建て替えが進められ、平成十五年に竣工が予定されている。

芝居を一変させた帝国劇場

東京都心の丸の内三丁目、そのメインストリート日比谷通りに、皇居のお濠《ほり》に面して建つ帝国劇場・通称帝劇は、日本の劇場史上特筆に価《あたい》する存在である。

帝劇が、それまでの芝居小屋というイメージを一変させ、日本初のオール椅子《いす》席の西洋風劇場として開場したのは明治四十四年三月のことである。施設ばかりが近代化されたわけではなく、観劇の仕組みにも一大改革が実行され、以後この帝劇方式が一般化されるに至っている。

当時の劇場は、今も大相撲には案内所という名でその名残がある茶屋制度があり、茶屋を通して芝居見物をするのが普通だった。しかし帝劇はこの制度を廃止し、席番入り切符の十日前発売や東京市内配達を行なった。

歌舞伎《かぶき》劇場としては余りにも西洋式に片寄り過ぎて必ずしもふさわしいとはいえなかったが、附属技芸学校を設置して女優の養成にも力を尽くし、森律子などの有能女優を出した功績も見逃せない。

もう一つの特色は、帝劇が渋沢栄一をはじめとする時の財界人が中心になって建設されたことである。渋沢は創立委員長であると共に、開場後は初代の取締役会長に就任した。

この渋沢と帝劇建設に努力し、創立発起人から取締役、さらに渋沢の後に取締役会長になったのが、大倉喜八郎である。

「帝劇が一種の社会事業なることを力説せるものは、実に男爵《だんしゃく》大倉喜八郎君也《なり》。世を挙げて病的勤倹主義に走り、人生享楽《きょうらく》の真意義を忘却せんとする時、単《ひと》り毅《き》然《ぜん》として帝劇の積極的経営を主張し、発起人悉《ことごと》く反対せば、余一人の力を以《もっ》て、之《これ》に当らんとまで断言せるものは、実に男爵大倉喜八郎君也。春秋の筆法を以てすれば、男の一言によりて帝国劇場は成れりと謂《い》ふも不可なし」

『帝劇十年史』(杉浦善三著。大正九年発行)は大倉の功績をそう讃《たた》えている。大倉の、文化事業への理解の深さを示す記述である。

帝国劇場

帝国劇場

千代田区丸の内 3-1-1　電話 03-3213-7221

出光美術館

千代田区丸の内 3-1-1　電話 03-3213-9402

開館 10：00～17：00　月曜・年末年始休館

最寄駅：地下鉄日比谷線・千代田線・都営三田線「日比谷駅」，有楽町線・JR「有楽町駅」

帝国劇場のビル 9 階にある出光美術館は，出光興産の創業者，故・出光佐三の膨大なコレクション 15000 点余を所蔵

文明開化を告げた鹿鳴館《ろくめいかん》

明治の建築でひときわ有名なのが鹿鳴館だろう。不平等条約の改正をめざす明治政府が欧風化を急ぐあまり、鹿鳴館では奇妙な夜会が開かれた。

明治十八年にフランスの海軍士官として日本を訪れたピエール・ロチは『秋の日本』と題する作品のなかで鹿鳴館をつぎのように紹介している。

「(横浜から汽車で新橋に着いたロチ一行は駅前から人力車に乗って)とうとう、ついに、わたしたちは到着した。……わたしたちの前には、煌々《こうこう》たるロク・メイカンがそびえている。どの軒蛇腹《のきじゃばら》にもガス燈《とう》をともし、窓のひとつひとつから明りをもらし、透きとおった家のように輝きながら」

鹿鳴館の所在地は現在の千代田区内幸町一丁目、ちょうど帝国ホテルの南隣のあたり、江戸時代の薩摩《さつま》藩邸の跡だった。赤門といえば、本郷の東京大学にある加賀藩邸の名残だが、この薩摩藩邸の表門は黒塗りの堂々たる楼門で、黒門と呼ばれた。いまは鹿鳴館も黒門も姿を消し、現在地上二十六階建ての大和生命本社

鹿鳴館美人

鹿鳴館跡

千代田区内幸町 1-1-7 大和生命ビル前
最寄駅：地下鉄都営三田線「内幸町駅」，地下鉄千代田線・日比谷線「日比谷駅」，JR「新橋駅」
1883（明治 16）年に完成した鹿鳴館も，1940（昭和 15）年に解体された。多くの弟子を育て，大の日本好きだったコンドルは，現在，東京大学建築学科の前で銅像となって，明日の建築家たちを見守っている

ビルがお洒落《しやれ》な雰囲気をただよわせている。

欧米の大都会を見なれたロチの目には、

「ロク・メイカンそのものは美しいものではない。ヨーロッパ風の建築で、出来たてで、まっ白で、真新しくて、いやはや、われわれの国のどこかの温泉町のカジノに似ている」

とも見えたようだが、明治初年の日本では、文明開化のスポットライトを浴びた花の舞台で、連夜のように勅奏任官、華族、外国公使、お雇い外人やその夫人令嬢が招かれて夜会、仮装舞踏会の狂宴が続いた。

この鹿鳴館を設計した英国人ジョシア・コンドルもお雇い外人の一人だった。若くしてロンドンで頭角をあらわしたコンドルは、明治十年、二十五歳で来日すると工部大学校造家学科（現在の東大工学部建築学科）教授となり、辰野金吾《たつのきんご》、片山東熊《とうくま》、曾禰《そね》達蔵、佐立七次郎《さたちしちじろう》など、日本の建築界を背負う建築家を育てている。

妍《けん》を競うは初代帝国ホテル

鹿鳴館で文明開化熱をあおった明治の元勲たちも、外国からの賓客を迎えるホテル不足に頭を悩ました。

東京に初めて建てられた外国人専用ホテルは、築地ホテル館。いまの築地本願寺の裏側あたりに慶応四年（明治元年）夏完成したもので、モダンな四階建ての洋風木造建築だったらしい。ところが、明治五年二月の大火であっという間に灰になってしまった。明治十二年に前米国大統領のグラント将軍が来日した時にも、宿舎になったのは浜離宮の延遼館《えんりょう》（徳川家の別邸を修築したもの）だった。

「こんなことでは条約改正もできない。なんとか欧米人に笑われないようなホテル建設を考えてもらいたい」

明治二十年一月、外務大臣井上馨《かおる》は、大倉喜八郎、渋沢栄一、益田孝ら財界のリーダーを集めてハッパをかけた。その三年前に二度目の欧米視察旅行から帰国していた大倉はただちに共鳴し、資本金二十六万五千円の有限責任会社が設立さ

現在の帝国ホテル

帝国ホテル

東京都千代田区内幸町 1-1-1　電話 03-3504-1111
地下鉄日比谷線・千代田線「日比谷駅」，銀座線・日比谷線・丸の内線「銀座駅」，JR・地下鉄「有楽町駅」
ライト館が取り壊された後，1970（昭和 45）年に現在の本館が竣工。その後，1983（昭和 58）年には，地上 31 階地下 4 階の複合ビル，インペリアル・タワーがお目見えした

れた。その名が帝国ホテル。敷地はちょうど鹿鳴館の北隣にあたる四千二百坪。外務省、宮内省などから払い下げられた官有地だった。明治二十三年十一月九日付の「東京日日新聞」は完成直後の帝国ホテルを次のように紹介している。

「その構造は大概《おおよそ》居間、寝室の二間に仕切り、装飾は特別、上、中、下の四段に分ちあり、全部で寝室六十余間ある由《よし》、而《しこう》してその一室一日の料金は、五十銭以上七円まで……」

木骨煉瓦《れんが》造三階建て、端麗なルネッサンス様式の外観は、鹿鳴館とともに日比谷に開化の花を添えた。設計はコンドルの弟子で造家学科二回生の渡辺譲、施工は大倉の率いる日本土木だった。

参考までに当時の物価を見ると、東京の湯銭が一銭二厘《りん》、すしが一人前一銭三厘、東海道の一流旅館で一泊二十五銭とのこと。この初代帝国ホテルは大正十一年に焼失、そのあと、ライト設計の二代目に生まれかわっている。

ライト氏よ、震災の損傷なし

明治時代の帝国ホテルは北側を向いて正面玄関があり、しかも日生劇場や宝塚劇場のあたりが皇居前から続く外濠《そとぼり》だったから、角型ドームの壮麗な洋風ホテルの威容が水面に映えた。

明治二十三年の創業当時の宿泊客は一日平均十四人弱だったが、明治が大正に変わるころには七、八十人にまで増加した。周囲の街並も整備され、明治三十六年には日比谷公園が開かれるとともに外濠が埋め立てられた。日比谷公園側の敷地三千八百余坪を利用して新館建設が開始されたのは、第一次大戦さなかの大正五年だった。

新館設計に当たったのが、アメリカのフランク・ロイド・ライト。日本びいきのライトはこの建築に精魂を傾けた。昭和四十三年に取り壊されたあと、中央玄関部分は愛知県犬山市の明治村に移築されたから今でもその片鱗《へんりん》をうかがうことができるが、国産の大谷《おおや》石を内外の装飾に多用し、宇治平等院の鳳凰堂《ほうおうどう》にヒント

初代（写真上），二代目帝国ホテル（下）（写真提供：帝国ホテル）

を得たという荘重な東洋風デザインの建築物だった。

基礎工事にも工夫が凝らされた。地盤が軟弱だったので、長さ四・五メートル(二間半)の松杭《くい》を打ち込み、それを引き抜いたあとに鉄筋コンクリートを打ち込んでいる。「川に下駄《げた》を浮かした上にホテルを建てた」と評した建築家もいるが、ライト自身は「軍艦が浮かぶように建物を土の上に浮かばせた」とご自慢だったようだ。

あまりの凝りようで、当時の工事予算三百万円が九百万円にふくれあがり、工事は長びき、業なかばにしてライトは解任され、思いを残しながらアメリカに帰国する。やっと落成して、披露宴開催となったのが、あの大正十二年九月一日。開場の直前に大地震が襲来した。しかし、この新建築はみごと激震に耐えた。

「ホテルにはいささかの損傷もなく、数百名の避難民に完全なサービスをなしつつあり。御同慶のいたり」

震災直後にアメリカのライト宛《あて》に大倉喜八郎が打電した喜びの電文である。

日比谷に日本初の洋風公園

都心の洋風公園として親しまれている日比谷公園は、まもなく開園百年を迎える。

大きな広場に花壇、噴水、音楽堂と、明治三十六（一九〇三）年六月に日比谷公園が店開きした時には、見たこともないハイカラな新天地として市民の話題を集めた。明治末年に小山内薫《おさないかおる》、北原白秋らが起こした新芸術運動団体「パンの会」の歌人、吉井勇はこう歌った。

噴水のしぶきに濡《ぬ》れて公園の
白楊《ポプラ》のなかをゆくは誰《た》が子ぞ

明治初年の日比谷公園付近は大名の屋敷あとが陸軍の練兵場となり、日が暮れると人影も途絶えて野盗が出没するほど寂しいところだった。この練兵場を青山に移し、あとを公園にし、周囲を官公庁街にする計画が決まったのが明治二十二年のこと。帝都にふさわしい公園という大筋は誰にも異論はなかったが、それまでは大名の庭園や神社仏閣の境内をインスタントの公園に模様替えしていただけだから、具体案がなかなかできない。東京市の依頼で設計を手がけた東大の建築学科教授、辰野《たつの》金吾《きんご》のプランも、やはり専門違いだったため棚上げになってしまった。その他の案も昔風の築山泉水で食い足りない。

明治三十三年の秋、市役所内の辰野博士の部屋を三十歳過ぎの若い農学者が訪れた。ドイツで林学を習得して帰国した本多静六で、たまたま辰野博士の前に広げられている公園設計図に強い関心を示す。

「君はそんなに公園のことを知っているのか。建築ならともかく、僕は公園には素人《しろうと》で困りきっている。君、頼むよ」——東大農学部教授で林学の泰斗として知られる本多博士が、日比谷公園の設計に取り組むきっかけとなったエピソードだ。

誰でも自由に出入りできる洋風公園の設計には「なぜ門に扉をつけないのか。夜、花を盗まれてしまうではないか」と文句が出た。本多は「市民が花に飽きて盗む気をおこさないくらい花いっぱいの公園にする」と応じている。

日比谷公園

日比谷公園

千代田区日比谷公園1　電話03-3501-6428（公園管理所）

最寄駅：地下鉄日比谷線・千代田線・三田線「日比谷駅」，丸の内線・千代田線・日比谷線「霞ヶ関駅」，JR「有楽町駅」

設計者・本多静六の理念は現在も息づいており，園内には季節の花があふれている。4〜10月の水・金曜正午からは，小音楽堂でミニ・コンサートも催される

風と共に去りぬ銀幕の歴史

有楽町の日劇こと日本劇場が百貨店と映画館のビル、有楽町マリオンに生まれ変わったのが昭和六十二（一九八七）年のこと。昭和初年から銀幕の盛衰を映してきた日比谷映画劇場や有楽座が相前後して日比谷シャンテというモダンなビルで再出発、平成十三（二〇〇一）年には東京宝塚劇場も改築、オープンした。

映画が、初めてわが国に紹介されたのは明治二十七、八年の日清戦争のころだった。映画の技術がアメリカのエジソン、フランスのリュミエール兄弟によって相前後して考案された直後で、米国製の機械が東京へ持ち込まれ、フランス製が大阪へ輸入され、東西の二都でほとんど同時に興行されているのも興味深い。

石井研堂『明治事物起源』に、映写技師の草分け杉浦誠言の話が出ており、「画中の事物が悉《ことごと》く活動するので、初めて見た連中、只《ただ》もう感心するばかり、果ては対向の白幕の裏に、何か仕掛があるのでないかと裏へ廻つて改めて見る者さえ有つた」という。

有楽町マリオン

有楽町マリオン

千代田区有楽町 2-5

最寄駅：JR・地下鉄有楽町線「有楽町駅」，地下鉄銀座線・日比谷線・丸の内線「銀座駅」

地上 14 階地下 4 階のビルに，西武・阪急のデパートと映画館 5 館などが入っている。1984（昭和 59）年設置のからくり時計も人気

杉浦らは文士の福地桜痴《おうち》に話を持ちかけ、こんどは歌舞伎《かぶき》座の花道に機械をすえて試写すると大成功、日本風の名を付けて興行しようということになり、活動幻燈《げんとう》、自動写真、イヤ活動写真がよかろうと、今では昔なつかしい名称が登場する。

ところが、この歌舞伎座での興行には、当時の大御所である九代目市川団十郎から「演劇の殿堂にそんな物をかけては困る」と苦情が出て、結局は神田の錦輝《きんき》館《かん》（現在の学士会館の裏手にあった）での公開になる。

明治三十年の同館の新聞広告には「座《い》ながら山海万里の外に旅して、不知の山水を賞し、未識の佳人才子に接するの快を買はんと思ふ人は、速《すみやか》に来て此《この》バイタスコープ（邦語活動写真）を一覧せられよ」とある。

昭和初年には活動がトーキーになり、映画全盛時代を迎える。日比谷映画劇場の竣工《しゅんこう》は昭和九年、有楽座はその翌年に誕生しているが、いずれも米国で鉄筋コンクリート技術を修得した阿部美樹志《みきし》の設計で、戦前派映画館建築の代表的作品に数えられるものだった。

清新な傑作、東京中郵局

年賀郵便の受付が始まるのが例年十二月十五日である。その受付風景が新聞やテレビに紹介されて師走《しわす》気分をかきたてるが、その舞台になるのが丸の内の東京中央郵便局である。

明治四十年一月二日、夏目漱石が教え子の寺田寅彦《とらひこ》（物理学者）に年賀の葉書を出している。挨拶《あいさつ》は抜きで用件だけを認《したた》めている。

「拝啓　来《きた》る三日木曜にて例の人々来りて御馳走《ごちそう》をこしらへて、たべる由《よし》手伝ふなら昼から食ふなら夕方御出被下度候《おいでくだされたくそうろう》」

「例の人々」というのは高浜虚子、松根東洋城《とうようじょう》をはじめとする有名な漱石の友人や門下生のことである。興味深いのは翌三日の案内を二日に出しているところ。これで十分間に合ったらしく、漱石はしばしば葉書で招集をかけている。漱石宅が本郷西片町で、寅彦宅が小石川原町（文京区白山）だから隣町だったとはいえ、やはり即日配達のよき時代だった。

東京中央郵便局

東京中央郵便局
千代田区丸の内 2-7-2
最寄駅：JR・地下鉄丸の内線「東京駅」
逓信総合博物館（ていぱーく）
千代田区大手町 2-3-1　電話 03-3244-6811
最寄駅：地下鉄千代田線・半蔵門線・東西線・都営三田線「大手町駅」，JR・地下鉄丸の内線「東京駅」
開館 9：00〜16：30（金曜〜18：30）月曜・年末年始休館
東京国際郵便局の隣。郵便，貯金，保険，情報通信，放送，国際通信に関する資料をこの一館に集めている

わが国で近代的な郵便制度が実施されたのは明治四年である。東京、京都、大阪などに郵便役所（のちの郵便局）が設けられ、郵便切手も発行された。草創期には郵便箱と小便箱を読み違えて用を足すあわて者もあった。なるほど「差入口」があるという、珍妙な実話である。

明治から大正になると郵便制度は国民生活に欠くことのできない存在になった。東京中央郵便局も大正時代の木造局舎が老朽化し、新局舎建築となった。設計は吉田鉄郎、施工は大倉土木だった。

吉田は大正八年東大建築学科を卒業し、逓信省《ていしんしょう》に入った。明治以来の西洋模倣《もほう》にあきたらず、日本建築の美を生かした鉄筋コンクリート建築をめざし、簡素で飾りけのない清新なスタイルの東京中郵局を完成している。桂《かつら》離宮の美を全世界に紹介したドイツの建築家ブルーノ・タウトが吉田のこの建築を絶讃したことは有名だが、昭和六年に竣工《しゅんこう》し、同八年十一月に営業を開始している。

急停車が生んだ耐震ビル

日本における耐震建築第一号は、早稲田大学教授内藤多仲《たなか》が構造設計を担当した丸の内の日本興業銀行（昭和四十九年、現在のビルに建て替え）とされている。内藤は東大で建築構造学を佐野利器《としかた》に学び、大正六（一九一七）年アメリカに留学した。サンフランシスコに上陸してボストンの工科大学に向かう途中、内藤の乗った列車が急停車した。そのショックで座席の横に置いてあった旅行トランクが通路にはじき飛ばされ、口金がはずれてトランクの中味があたり一面に散った。口金が衝撃でこわれたのだ。

周囲の視線が東洋からの旅行者に集まるなかで、内藤にはひらめくものがあった。

「そうか、荷物をできるだけ詰めこもうとして、トランクの中仕切りをはずしたのがいけなかったのだ」

中仕切りをはずしたため、分散されていた荷物の重さが一か所に集中し、口金

雪の東京タワー

に大きな力がかかり過ぎたにちがいない。船の構造も同じだろう。船体は竜骨を中心に太い鉄骨を何本も組み合わせてあるから、大波を受けて縦揺れ、横揺れがあっても耐え抜くことができるのだ。建造物にも中仕切りを応用したらどうだろうか。

内藤は夢からさめたように、あわてて散らばった身の回り品を片づけたが、この急停車事件が彼の独創的な耐震構造論を生むきっかけになった。

内藤の新発明というのは、頑丈な鉄骨をさらに鉄筋コンクリートで包み、同時に建物の要所要所にちょうどトランクの中仕切りのように耐震壁を設置したもの。日本興業銀行ビルは大正十二年六月に竣工《しゅんこう》、直後に関東大地震の洗礼を受けたが、周囲のビルに大きな被害がみられたなかで完全な耐震力を実証し、それ以後のわが国の鉄骨鉄筋コンクリート建築のモデルになった。

耐震性の腕を買われた内藤は鉄塔の設計にも力を尽くし、昭和三十三年には芝の東京タワーをも手がけている。地上三百三十三メートルの鉄塔はパリのエッフェル塔を抜き、新しい観光名所になった。

独立王国の跡、将門塚《まさかどづか》

昭和三十三年、東西が二百メートル余にも及ぶ巨大なビルが出現したとして話題になったのが、千代田区大手町一丁目の大手町ビル。その脇《わき》の道路を皇居の方に進むと、三井物産ビルの手前に、小ぢんまりした日本庭園がある。都指定の旧跡「将門塚《まさかどづか》」である。

平安の昔、京都朝廷に反逆して関東に一時期独立王国を築いた平将門《たいらのまさかど》の首塚といわれるものである。天慶《てんぎょう》の乱（九四〇年）で討ち死にした将門の首は京都でさらされたが、その首は一夜で東に飛び去り、この地に着いた。当時、芝崎といわれたここには、すでに神田明神（現神田神社）があって、首は神社の祭神の一体として祭られた。

江戸時代になって神田明神が移転した後も、首塚は大名屋敷の庭園内に残されたらしい。庭内にある由来書きによると、寛文年間には、徳川四代将軍家綱の大老として「下馬将軍」といわれた酒井雅楽頭《うたのかみ》の屋敷の中庭だったという。

下って天保《てんぽう》年間にできた『江戸名所図会《ずえ》』には次のように記述されている。「神田橋の内、一橋御館《おんやかた》の中にありて、御手洗《みたらし》など今猶《いまなお》存すとなり。（隔年九月十五日、祭礼の時は神輿《みこし》をこゝに渡し奉りて、奉幣の式あり。）この辺、旧名を芝崎村と云《い》ふ」

幕末には、将軍家の近親として権威の高い御三卿《ごさんきょう》の一つ、一橋家内にあった。九月十五日の祭礼というのは、神田祭りのことである。将軍の上覧に供することから天下祭りといわれた山王日枝《ひえ》神社の山王祭りと神田祭りは、一年おきに本祭りが行なわれ、明治になってからもしばらく神田祭りは九月の秋祭りだった。だから清元の「神田祭」には〈優り劣らぬ花紅葉〉とか〈籬《まがき》の菊の乱れ咲〉〈月をたよりに夜の雁《かり》〉などの秋の情景描写がある。

ところが、明治十七年の神田祭りは大嵐《おおあらし》に見舞われ、神田多町《たちょう》などの山車《だし》が倒れてけが人が出たことから、以来、現在のように神田祭りは五月に行なわれるようになった。しかし塚は、今も同神社の氏子たちによってきちんと保存されている。

神田祭

将門塚

千代田区大手町 1-2-1

最寄駅：地下鉄千代田線・半蔵門線・丸の内線・東西線・都営三田線「大手町駅」

毎年 9 月のお彼岸に「平将門公首塚例祭」が行われ，将門公の霊を慰める

大手町は官庁街だった

東京の大手町といえば、現在は丸の内と一体となった一大ビジネス街である。その象徴ともいえるのが、経団連会館であろうか。地上十八階の建物は大成建設などの施工《せこう》によるもので、昭和四十一年の建築当初は、ホテル・ニューオータニ、富士銀行本店に続いてわが国の〝超高層建築〟のなかに数えられたものである。

このビジネス街の中の官庁といえば、今は国土交通省に属する気象庁くらいになってしまった。労働省（現・厚生労働省）が霞が関へ移ってからは、大手町に中央官庁の本省はなくなり、民間会社の建物とサラリーマンが圧倒的優位に立つ街となっている。

ところが、この民間の街も、明治時代は霞が関をしのぐ一大官庁街を形成していた。明治十一年に編纂《へんさん》された『東京府誌』によると、内務省、大蔵省が大手町一丁目に、文部省、教部省（社寺・陵墓などを管理した官庁。明治十年廃止）は大手町二丁目、司法省、大審院などが八重洲二丁目（丸の内）にあった。

気象庁界隈

江戸時代の武家屋敷街が、そのまま官庁に変わったといったところだろう。

もっとも初期の明治政府は、江戸城西の丸下に太政官《だじょうかん》をはじめとする諸官庁を集中設置する計画を持っていた。立憲政体以前の当時の日本は、形の上では天皇親政であり、それをより整えるために皇居のすぐ近くに官庁を集中させせようとしたのである。

しかしこの計画は、明治六年五月五日に発生した皇居の火災で結局は中止。この火災を『武江年表』は「同（五月）五日午前一時、御所炎上、六時鎮火。赤坂離宮を仮皇居と御定《おさだめ》に成る」と、比較的簡単に記しているが、皇居の復興には手間どった。

矢田挿雲は『江戸から東京へ』に、復興までの経過を次のように書いている。

「赤坂離宮の仮皇居へ成らせられ、爾来《じらい》十二年が間造営の御許しがなく、明治十七年、はじめて建造に着手、二十一年十月竣工《しゅんこう》、二十二年一月十七日をもって、めでたく新皇居へ帰還された」

ちなみに、建坪一万二千七百三坪の造営費は三百万円だった。

一ツ橋に残った震災いちょう

大正十二年九月一日午前十一時五十八分四十六秒六。関東地方をマグニチュード七・八の大地震が襲った。

「初めは関東地方に頻発する例の小さい地震位に思い、たかをくくっていたが、急に大きく振動し、大きいテーブルの上のタイガー計算機やバロー計算機がすべり落ち、壁にかけてあった大きい額がひどい音を立てて落下した」

『お天気博士藤原咲平《さきへい》』（NHKブックス）所収の今道周一（元気象庁地磁気観測所長）の一文である。当時は中央気象台で、いまの気象庁前の内堀通りを渡った竹橋会館のあたりに庁舎があった。衝撃でかなりの被害が出たが、岡田武松《たけまつ》台長、藤原咲平技師らの陣頭指揮で観測や応急手配が始まった。しかし、地震後の猛火。

「夜に入って……屋上に上がると火の粉が雨のように飛び、火道は南に東に転向し……如水会館からフランス大使館に燃え移り、文部省も焼失してしまった。この頃文部省は現在の毎日新聞社のところにあり、フランス大使館はそれより少し

和気清麻呂像と震災いちょう

大手濠緑地

最寄駅：地下鉄東西線「竹橋駅」

大手濠緑地内には「震災いちょう」の他に和気清麻呂像もある。769（神護景雲 3）年，皇位につこうとした道鏡の野望を宇佐八幡宮の神託により退けた清麻呂の功績をたたえ，1940（昭和 15）年に造られた

九段よりにあった」

非力の藤原咲平が本館の屋根上にのぼり、台員たちとバケツリレーで消火に努めた姿を今道は印象的に綴《つづ》っているが、その甲斐《かい》もなく本館もついに猛炎に包まれて焼失する。

この気象庁、旧労働省、丸紅本社のある一帯は、かつて徳川ご三卿《さんきょう》のひとり一橋家の屋敷だった。家康入国の際、外濠《そとぼり》に丸木の一本橋を渡したのが一ッ橋という地名の由来。維新後、文部省が置かれ、周辺に大学南校（東大の前身）、東京高商（のち東京商大、現一橋大学）があった。

地下鉄竹橋駅を出た濠端に、和気清麻呂《きよまろ》銅像と並んで「震災いちょう」の異名をもつ大樹がある。樹齢百八十年、当時の文部省敷地内に江戸の面影を伝え、大震災の時も焼野原の都心に奇跡的に生き残った。岡田中央気象台長らの肝煎《きもいり》で、震災後に復興のシンボルとして移植されたという。

遠山の金さん北町奉行所跡

「大岡政談」の大岡越前守《かみ》と並ぶ江戸の名奉行といえば、遠山左衛門尉景元《さえもんのじょうかげもと》の名が挙げられるだろう。そう、背中にあの桜吹雪の彫り物を持った「遠山の金さん」である。

彼は南北両町奉行を歴任したが、なぜか、一般には北町奉行としてよく知られている。実際に体に彫り物をしていたかどうかは別にして、庶民の気持ちが理解できる、当時の官僚としてはある程度〝話せる〟人物だったらしい。

天保《てんぽう》十二（一八四一）年十月七日の明け方、堺《さかい》町《ちょう》中村座から出た火事は、同座ばかりでなく葺屋町《ふきやちょう》の市村座など、現在の日本橋人形町付近にあった江戸の興行街を焼き払った。当時としては、芝居小屋の火事はそう珍しいことではなく、劇場関係者は前例に従って幕府に再築願いを出した。ところが再築願いは却下されてしまった。

ときの筆頭老中は水野越前守忠邦《ただくに》。折から「天保の改革」を推進中で、水野は

東京駅八重洲北口

北町奉行所跡

千代田区丸ノ内 1-1

最寄駅：JR・地下鉄丸の内線「東京駅」八重洲北口すぐ

南町奉行所跡

千代田区有楽町 2-8-9

最寄駅：JR・地下鉄有楽町線「有楽町駅」

江戸時代は，北と南の奉行所が１ヵ月交代で町の治安に当たっていた。北町奉行として有名な遠山左衛門尉景元も，1845（弘化 2）年からは南町奉行職にあった。有楽町マリオンの北側に南町奉行所跡の標識が立っている

芝居の世界にも改革を及ぼそうというより、芝居そのものをいっきょに取りつぶそうとした。しかし水野も、伝統のある芝居を個人の考えだけでつぶすことには不安を感じたらしい。当時の北町奉行遠山に、その可否について意見を求めた。

金さんは、やはり庶民の味方だった。「戯場の儀は、遊戯の場所とは申しながら……破却は不当の由《よし》」という反対意見を敢然として答申した。さすがの水野も、下情通の遠山の意見を無視することはできなかった。取りつぶしだけは断念して、興行街を江戸の中心から遠ざけることにし、当時の浅草のはずれ、すぐ後に「猿《さる》若町《わかまち》」(浅草六丁目)と名付けられた地に移転させた。

もし金さんがいなければ、歌舞伎《かぶき》は天保時代で滅びてしまっていたのかもしれない。その金さんが活躍した北町奉行所は、現在の東京駅八重洲《やえす》口のあたりにあった。雑踏の中で見逃しがちだが、同所国際観光会館前に「北町奉行所跡」の碑が建っている。

霞《かすみ》が関は日本武尊《やまとたけるのみこと》の関所か

「霞が関」といえば、いうまでもなく日本の政治の中枢《ちゅうすう》であり、中央官庁が軒を並べて一大官庁街を形成し、東京でも一種独特の雰囲気を持った地区である。

近代日本の官僚政治発祥の地であり、それが今も続いているわけだが、「霞が関」の地名の起こりは、はるか昔にさかのぼる。

江戸中期の地誌『江府名勝志』には「霞が関」として「桜田御門より四町未《ひつじ》申《さる》方、松平安芸守《あきのかみ》、松平筑前《ちくぜん》守屋敷の間の坂を云《いう》。是《これ》往古の奥州海道にて東《あずま》の名所也《なり》といふ」とある。江戸時代は大名屋敷が集まっていたところで、松平安芸守は広島の浅野家、同筑前守は福岡の黒田家のことである。

幕末近くにできた『江戸名所図会《ずえ》』には「霞関の旧蹟《きゅうせき》」として、各種の文献を引用してもっと詳しく説明している。「宗祇《そうぎ》法師の『名所方角抄』に、霞が関は西に高き岳《おかやま》あり。東向の所なればふじはみえず、西より河ながれたりとあり。『武蔵《むさし》風土記』に、荏原《えばら》郡、東は霞が関に限るとあり。この地今は豊島郡に属せり。北村季吟翁《おう》云ふ、浮橋をすぎて霞村といふ所、霞が関の旧地なりといへど、霞村と云ふ地名なし」

室町末期の連歌師や江戸初期の俳人が、すでに霞が関についていろいろ考証していたというのである。さらに『図会』は江戸中期にできた『武蔵野地名考』の説を紹介している。それによると、霞が関は何と日本武尊《やまとたけるのみこと》が蝦夷《えぞ》の来襲に備えて設けた関所だとある。昔も昔、神話時代のことである。引用されている〈おなじくは空に霞の関もがな　雲井の鴈《かり》をしばしとゞめん　為世〉の歌も南北朝時代のものであり、いずれにしろ古い地名であることは確かである。『図会』には、霞が関を行き交う大名行列の挿絵も載っている。

ところで、黒田家の藩邸は今の外務省、浅野家は新中央合同庁舎二号館（旧人事院ビル）に当たり、両庁舎の間に「霞ケ関跡」の標識が立っている。外務省の代名詞として「霞が関」が使われるのも理由がないことではない。

外務省

桜田門の内と外

万延元（一八六〇）年三月三日といえば、いわずと知れた「桜田門外」の変が起きた日である。大雪の中、江戸城へ登城する途中の幕府の大老井伊直弼《いいなおすけ》が、桜田門へさしかかったところ、水戸浪士たちによって暗殺された。あまりにも有名な事件だけに『武江年表』も事件の具体的内容を省略してしまっている。

「同（三月）三日、上巳《じようし》佳節、朝より雪降り積る。外桜田に於《お》いて悤劇《そうげき》の事あり（他書に見えたればこゝにしるさず）」

悤劇とは、あわただしいことの意味で、もちろん井伊大老暗殺事件を指す。

この事件を呼ぶとき、真っ先に口をついて出る桜田門は、これまた首都の治安を司《つかさど》る警視庁と道一つへだてたお濠端《ほりばた》に現存していることもよく知られている。寛永十三（一六三六）年の修築で、国の重要文化財に指定されている。

この門、普通は「桜田門」と呼ばれているが、正確には「外桜田門」という。外があるからには内があるわけで、「内桜田門」もある。もっとも、皇宮警察本

雪の桜田門

警視庁

千代田区霞が関 2-1-1　電話 03-3581-4321（代表）
最寄駅：地下鉄有楽町線「桜田門駅」，日比谷線・丸の内線・千代田線「霞ヶ関駅」
見学受付時間 9：00〜17：00（平日のみ）
一般見学用のコースが用意され，明治以降の警察史を展示した「警察参考室」，110 番通報を受ける「通信指令センター」などを回ることができる。前日までに予約を

部近くにある内桜田門は普通「桔梗門《ききょうもん》」といわれており、一般に桜田門といえば外桜田門のことである。

この門は、江戸城の門の典型的な形式である「枡形門《ますがたもん》」の一つである。濠の外から木橋を渡ると、左右を石垣で固めた第一の門、高麗門《こうらいもん》がある。これを入ると四角い空地になっていて、三方は石垣と鉄砲狭間《ざま》のある土塀で囲み、右、あるいは左側の一方は土蔵造りの渡櫓《わたりやぐら》をわたした第二の門、渡櫓門があるという構造になっている。つまり、高麗門と渡櫓門で枡形に区切り、鉄砲を使って守りやすいようになっている。

ところで『武江年表』にある「外桜田」は地名で、桜田門を境に、内桜田と外桜田に分かれていた。内桜田は、門を入って二重橋前広場から桔梗門の内桜田門にかかるあたり。外桜田は文字通り桜田門外で、今の霞が関の官庁街からさらに南西に広がる地域を指していた。

川路《かわじ》利良《としよし》と警視庁発足

交番のお巡りさんに道を訊《たず》ねるのに、おっかなびっくりという人はあるまい。しかし戦争前までは、聞きわけのない子に「ほら、お巡りさんが来るよ」という脅しがきいた。泣く子も黙る存在だったのである。

江戸時代にさかのぼると、銭形平次や半七捕物帳でおなじみのように、お上の十手を預かる〝親分〟が治安の維持や犯罪の捜査にあたった。むっつり右門のような同心、与力となれば、もう〝殿様〟である。

慶応三（一八六七）年、フランス公使となった幕臣栗本鋤雲《くりもとじょうん》が、パリの警察を紹介している。

「市中邏《ら》官『ポリス』という職があり、……雨が降ろうが風が吹こうが不動の姿勢で立っているか、または市街を回って警戒にあたっている」（『警視庁史』明治篇）

ある日、日本人佐兵衛がパリの夜道をとぼとぼ歩いているとポリスが「どこへ

お巡りさんも大変です

警察博物館

中央区京橋 3-5-1　電話 03-3581-4321

最寄駅：地下鉄有楽町線「銀座一丁目駅」，銀座線「京橋駅」，都営浅草線「宝町駅」 開館 10：00〜18：00　月曜休館

警察の歴史をたどるコーナーでは，川路大警視にもスポットを当てている。白バイや制服の展示，シミュレーション・ゲームもあり，親しみやすい

行くか」というので「ガリレイ街」と答えると、佐兵衛を伴って旅館まで親切に案内した。

もしわが国であったらどうか。百姓、町人が与力や同心に道を尋ねるなど夢にも及ばぬこと、時には土下座さえしなければならないというのに……。

初代警視総監に当たる大警視・川路利良が警察制度の視察に出かけたのもヨーロッパで、帰国するとすぐ国内の治安保持のため警察が必要だと力説している。薩摩《さつま》藩の大先輩である西郷隆盛も川路案を強く支持して、明治七年一月、鍛冶橋《かじばし》門内の元津山藩邸に東京警視庁が発足する。

草創期の巡査には武骨一点張りの旧士族が多く、紺ラシャの洋服の襟と袖《そで》に階級を示す太金線や黄線を縫いこみ、いかめしく市中を練り歩いた。明治十年の西南戦争の際、この警視庁勢を率いる川路の去就が注目されたが、涙ながらに西郷と袂《たもと》を分かった川路が九州各地で奮戦したことは有名だ。

庁舎は明治末に日比谷濠端（現第一生命付近）に移り、関東大震災で焼失したあと、現在の桜田門前に移転、昭和五十五年八月、地上十八階の新庁舎完成となる。

大名屋敷の町、永田町由来

「とんだところへ北村大膳《たいぜん》」

上野寛永寺のご使僧に化けた河内山《こうちやま》宗俊が北村大膳に正体をあばかれて、ふてぶてしく居直る有名なセリフ。俗に『河内山と直侍《なおざむらい》』で知られる河竹黙阿弥《もくあみ》の名作『天衣紛上野初花《くもにまごううえののはつはな》』。出雲《いずも》（島根県）の松江侯の江戸屋敷玄関の場である。河内山は実在の人物で、文政六年ゆすりの罪で捕えられ、松江侯など大名家を恐喝した事件が表沙汰《おもてざた》になることを恐れ、牢内《ろうない》で毒殺されたという。

この出雲松江藩の屋敷のあったのが、地下鉄赤坂見附駅に近い現在の衆参両院の議長公邸（千代田区永田町二丁目）のあたり。高層ビル化の激しい都心だが、わずかに往時の屋敷町の面影が残されている。

永田町の地名は、江戸初期に同地の日枝《ひえ》神社門前に永田姓を名乗る家が三家あったため、というのが通説になっている。

たしかに「寛永江戸図」と呼ばれる古地図を見ると、山王の森の南側に「永田

記念公園内に建つ尾崎記念時計塔

憲政記念館

千代田区永田町 1-1-1　電話 03-3581-1651

最寄駅：地下鉄丸の内線・千代田線「国会議事堂前駅」，有楽町線「桜田門駅」，有楽町線・半蔵門線・南北線「永田町駅」

開館 9：30〜17：00　月末日・年末年始休館

議会開設 80 年を記念して 1970（昭和 45）年に建てられた。国会や政党の歴史をコンパクトにまとめて展示。

伝十、権介、一十郎」の三軒が並んでいる。敷地は大名屋敷にくらべるとずっと小さく、身分も明らかでない。しかし、この付近がその後「永田馬場」の俗称で江戸の地図に残る。

江戸城に近い現在の永田町一帯は大名屋敷の町だった。「加藤の千畳敷」とうたわれた豪壮な大広間を持つ加藤清正邸はとくに有名だが、加藤家が断絶したあと彦根井伊《いい》家の上屋敷になり、さらに明治に入ると陸軍省、参謀本部に姿を変えて、いまは尾崎咢堂《がくどう》の功績をたたえる記念公園と憲政記念館に生まれ変わっている。

明治五年、彦根藩、広島藩、信州松本藩などの屋敷地が永田町一丁目に、松江藩、二本松藩、豊岡藩などの屋敷地と日枝前町、日枝神社境内が合併して永田町二丁目になっている。

広大な大名屋敷の跡地だったため、明治新政府の行政機関がつぎつぎに設置された。国会議事堂や首相官邸のある永田町は、いまや国政の代名詞だが、その地名が大名でなく無名の武家の宅地から出ているのがおもしろい。

ドイツモデルの官庁街建設案

森鷗外が明治四十二年に発表した短篇に『大発見』というのがある。鷗外が明治十七年に医学研修のためドイツのベルリンに留学したさいの思い出をユーモラスに綴《つづ》った作品で、小説というより随筆に近い。

若い軍医としてベルリンを初めて訪れた鷗外は、郷土の先輩であるドイツ国駐在公使S・A閣下を表敬訪問する。のちに外務大臣、枢密《すうみつ》顧問官を歴任し、欧米通の政治家として鳴らした青木周蔵のことだが、鷗外は作品のなかでは遠慮して頭文字だけにとどめている。

「君は何をしに来た」

と閣下は高飛車だ。鷗外が恐る恐る衛生学を学びに来たと答えると、

「なに衛生学だ。馬鹿《ばか》なことをいひ付けたものだ。足の親指と二番目の指との間に縄を挟んで歩いてゐて、人の前で鼻糞《はなくそ》をほじる国民に衛生も何もあるものか」

下駄《げた》はともかくとして、西洋人だって鼻糞はほじるだろう。あまり上品な風習

上野花園町鷗外荘

鷗外荘（水月ホテル鷗外荘）

東京都台東区池之端3-3-21　電話03-3822-4611
最寄駅：地下鉄千代田線「根津駅」，JR「上野駅」
森鷗外は，1889（明治22）年秋から2年の間をここで過ごし，「於母影」「舞姫」「うたかたの記」などを発表。現在は「水月ホテル鷗外荘」内に「舞姫の間」として，その名残をとどめる

ではないが、西洋人がしないから、日本人もしてはならないといわれると妙な負けじ魂が頭をもたげる。鷗外は西欧の小説、戯曲を読むうちに、ついに鼻糞をほじる描写を見つけ、大発見と喜ぶ。

鷗外のドイツ留学はちょうど日本の鹿鳴館《ろくめいかん》時代にあたる。条約改正のため、政府は欧風化政策に血眼だった。そして、ヨーロッパではプロシャがフランスを破って、統一国家としての力を内外に誇示する時代だった。鉄血宰相ビスマルクの中央集権主義、富国強兵政策は明治の新政府が必死に求めていた格好のモデルに見えた。

フランス、イギリス、アメリカなど民主国家の諸制度を取り入れるのには日本の国情は未熟すぎた。明治憲法の草案も、陸軍の軍制も、医学も工学もナダレをうつように「ドイツに学ぶ」ことになる。

明治十九年、政府は臨時建築局を設置し、議事堂を中心とする官庁街建設に取り組むが、まず設計が依頼されたのはドイツ人技師だった。

職人が持ち帰った最新技術

外国語の読み書きはかなりできるが、日常の会話はさっぱりという人が日本には多い。わが国の外国語教育にも問題があるが、日常の会話はやはり頭より体で覚えるものなのだろう。

明治十九年、東京の都心に新官庁街を建設するために設置された臨時建築局の総裁に就任した井上馨《かおる》は、ドイツでも一流の建築家ヘルマン・エンデとウィルヘルム・ベックマンに設計を依頼した。

この計画は日本の首都に欧米先進国なみの議事堂と官庁街を建設して一気に懸案の条約改正に持ちこもうという壮大なものだったから、日本からも技術修得のため多数の関係者がドイツへ留学した。建築技師の妻木《つまき》頼黄《よりなか》、渡辺譲、河合浩蔵のほか、大工、左官、煉瓦《れんが》工《こう》など総勢二十人に及んだという。

興味深いのはドイツでの語学修得法で、当時の職人たちはカタカナも知らない。江戸火消の纏《まとい》の「いろは」なら知っているというので、い組の「い」からドイツ

赤煉瓦の法務省

法務省

千代田区霞が関1-1-1　電話03-3592-7911（法務史料展示室係）

最寄駅：地下鉄有楽町線「桜田門駅」，丸の内線・日比谷線・千代田線「霞ヶ関駅」

法務史料展示室　見学時間10：00〜16：30　土曜・日曜・祝日休室

エンデ，ベックマンの設計で1895（明治28）年竣工。1995（平成7）年に改修された。ドイツ・ネオ・バロック形式。また，法務史料展示室は「司法の近代化」と「建築の近代化」に関する史料を展示している

語の勉強が始まった。ところが、三年後の帰国時には職人たちがドイツ語でなんでも用を足し、妻木ら技術者も及ばなかった。技術者連中はなまじ英語を知っていたためで、師のベックマンに勉強不足を叱《しか》られたと、河合浩蔵がのちに思い出話を残している。当時最新の建築技術、セメント使用法、煉瓦製造法などを日本の建築現場に持ち帰ったのがこの人たちだったのはいうまでもない。

エンデとベックマンも相前後して来日し、日比谷を中心にするネオバロック風の壮麗な青写真をつくりあげた。それは有楽町、銀座方面から皇帝《ミカド》大路、皇妃大路が皇居に向かって走り、日比谷練兵場と霞が関に議事堂や政府機関が集中する大都市計画だった。

しかし、肝心の日比谷の地盤が悪いことがわかり、国力不足も手伝って、この計画はわずかに裁判所（旧最高裁）、司法省（現・法務省）、海軍省と赤煉瓦の三建築を生んだだけで、流産に終わっている。

白亜の殿堂は構想五十年

国政の殿堂である国会議事堂が現在の永田町に落成したのは、昭和十一年十一月七日だった。明治四十二年に完成した赤坂離宮（現在の迎賓館）が片山東熊《とうくま》という宮廷建築家を中心に宮殿建築の粋を集めた宮殿だったとすれば、こちらは大日本帝国の威容を顕現しようという悲願のこもった建築だった。

明治憲法の発布は明治二十二年二月十一日だが、その原案づくりと並行して、新しい憲法にふさわしい議事堂と官庁街を建設しようというプランは明治十九年の内閣直属臨時建築局の設置に始まっている。しかし、この壮大な構想は、明治新政府にはまだ重荷で、議院の敷地が現在地に決まったまま、木造の仮議院が使われていた。

財政的な理由だけでなく、建築学界内部の意見もまとまらなかった。ちょうど官庁建築の元締の地位にあったのが大蔵省建築部長、妻木《つまき》頼黄《よりなか》で、英人コンドルの教えをうけた片山や辰野《たつの》金吾《きんご》とソリがあわなかった。

妻木は江戸赤坂の生まれ。父は長崎奉行まで勤めた旗本の出身。工部大学校（東大工学部）を中退して米国コーネル大学に学び、帰国後も官庁建築一筋で、そのために再度ドイツのエンデ、ベックマンのもとに留学している。これに対して、片山は長州奇兵隊の少年隊士、また辰野は唐津藩の陪臣から出ているので、妻木から見れば「何するものぞ」の思いが強かったようである。

日清、日露の戦勝気分も手伝って、議事堂は設計から建築材料まで純国産を貫くという方針を立てたものの、建築様式や公開の設計競技にかけるかどうかで論争が続き、広く〈帝国臣民〉からデザインを公募することになったのは、妻木の死後の大正七年だった。

コンペの一等案を基礎に、実施設計はさらに磨かれて、間口約二百メートル、中央塔の高さ六十五・五メートル、国産花崗岩《かこうがん》の外壁という殿堂が完成した同じ年、日本は皮肉にも二・二六事件から軍国化へ傾く。

国会議事堂

国会議事堂

千代田区永田町 1-1　電話 03-3581-5111
最寄駅：地下鉄丸の内線・千代田線「国会議事堂前駅」
傍聴・見学についての問い合わせは，
衆議院警務部参観係 電話 03-3581-5111，参議院警務部参観受付係 電話 03-5521-7445

潮見坂、三年坂《さんねんざか》、紀尾井坂

「江戸時代から潮見坂と呼ばれていた坂は、七つ八つを数えることができるが、今日でもなお海が見えるという潮見坂は一つもない」

横関英一は著書『江戸の坂東京の坂』でそう嘆いている。東京の潮見坂はほとんどが東向きで、東京湾を望む位置にある。

霞が関の外務省と財務省の間にある潮見坂も、かつては眼下に日比谷の入江を眺める景勝だったに違いない。

潮見坂の南、つまり財務省と文部科学省の間にあるのが三年坂である。急な坂で、ここで転ぶと三年のうちに死ぬという俗説があり、そこから名が出たという。同書によると、三年坂と呼ぶ坂も旧東京市内に六か所ばかりあるそうである。

この三年坂を上ったあたりに三年町と呼ばれる町があった。むろん、三年坂から出た町名で、明治五年から昭和四十二年の町名改正で永田町一丁目と霞が関三丁目に分割編入されるまで存続した。

霞ヶ関三丁目

紀尾井坂の変について知りたければ204頁で紹介した警視庁見学コースへ。実際に大久保利通を刺した刃物を見ることもできる

西郷隆盛《たかもり》、木戸孝允《たかよし》とともに維新の三傑と称された大久保利通《としみち》が邸宅を構えたのが三年町だった。

「現在の首相邸の場所が当時鍋島侯《なべしまこう》の邸《やしき》で、通りを隔てた筋向かいのあたりであった。現在の特許庁のあたりから高台の首相官邸前の合同庁舎へかけた傾面で、約二千五百坪ほどあった。これは古い旗本屋敷と二本松藩邸跡で、（中略）明治七年十二月、北京談判の恩賜金《おんしきん》をもとに新邸を建築、不足は借金をして、九年一月、ほぼ竣工《しゅんこう》した」

孫にあたる歴史学者、大久保利謙《としあき》の『佐幕派論議』にある記述である。

剛腹な英雄肌の西郷と対照的に、新政府の富国強兵政策を推進した大久保には冷徹な宰相の側面がめだつが、家族や下僚には面倒見のよい温和な人だったらしい。明治十一年五月十四日、内務卿《きょう》として赤坂の仮御所に向かう途中、不平士族の島田一郎らに襲われ、四十七歳で世を去った。遭難の地が紀尾井坂の坂下であった。

天下祭りの日枝《ひえ》神社山車《だし》行列

東京の祭りの主役は神輿《みこし》である。例年、三社《さんじゃ》祭り、神田祭りなど神輿一色で塗りつぶされる感がある。

しかし、江戸の祭りは、山車《だし》が主役だった。なかでも、将軍の上覧に供したことで、神田祭りとともに「天下祭り」とうたわれた日枝《ひえ》神社の「山王祭り」の山車行列は壮麗を極めた。その一端を『絵本江戸風俗往来』で見てみよう。

「祭礼山車の番組は四十五番とし、町の数はおよそ、百六十町余とす。この町々、十ヵ年毎《ごと》に年番というに当たるや、土地相応の賑《にぎ》わいをつくす。……山車は小屋をかけてその中に飾り、手踊の屋台、地走りの手踊、町内の少女子は金棒引きに出で立ち、地主家主は上布帷子《じょうふかたびら》、紗《しゃ》の袴《はかま》に小刀を帯し、花笠《はながさ》をかむりて出で、また職人の親方などは肌ぬぎのはでを尽して、山車および手踊の屋台を警固してつらなること、年番町の例なりし」

山車の順序は「猿鶏《さるとり》」といい、南伝馬町の猿が一番、大伝馬町の諫鼓鶏《かんこどり》が二番

赤坂日枝神社

日枝神社

千代田区永田町 2-10-5

最寄駅：地下鉄銀座線・南北線「溜池山王駅」，丸の内線・千代田線「国会議事堂前駅」

6月10日から16日の山王祭りは，子・寅・辰・午・申・戌の西暦偶数年に本祭が行われる。毎月1日と15日に開かれる縁日も賑やか。2月中旬の梅の季節にも訪れたい

と決まっていた。ところが、ある年、将軍の見ている前で猿の持っている御幣《ごへい》が落ちたので、猿は二番に回されたというエピソードがある。

これらの山車の人形は、そり返ったり、せり込みになっていた。半蔵門から江戸城に入るために、そうこしらえたのである。ということで、麴町《こうじまち》の象の曳《ひ》き物が半分しか門を入らないから「半蔵門」の名が付いたという話があるが、これは江戸っ子の洒落《しゃれ》。本当は、服部半蔵が住んでいたことに由来する。

日枝神社は、今も赤坂の盛り場を見下す千代田区永田町の星が岡に鎮座しているが、その昔江戸城内にあったところから、徳川家の産土《うぶすな》神として尊敬され、祭も盛大になったのである。その氏子地域は「南は芝を限り、西は麴町、東は霊巌《れいがん》島《じま》小網《こあみ》町堺町《さかいちょう》の辺を限り、北は神田に至る」（『東都歳事記』）で、銀座はすっぽりその中に入る。つまり、銀座の氏神さまでもある。山王祭りは六月十〜十六日、現在も格式の高い祭りである。

三宅坂《みやけざか》、時代の上り下り

皇居を取り巻く内濠《うちぼり》の中でも最も眺めが美しい三宅坂は、江戸時代、三河田原藩主三宅氏の上屋敷があったところなので、その名が付いた。濠にそってこの坂を上れば、左に最高裁判所、国立劇場があり、このあたりが三宅氏の屋敷だった。

この最高裁の建物と青山通り一つ隔てた南側の一画に建っているのが、国立国会図書館である。全国の図書館の総本山的存在といってよく、蔵書は約七百三十一万冊（平成十三年現在）にもなる。

鉄骨鉄筋コンクリートの書庫は大成建設の手になるもので、初めに工事に着手してから第二期工事が終わるまで約十二年かかった。書庫面積は一万五百六十平方メートル、閲覧室は九千五百七十平方メートル。書庫能力はアメリカ議会図書館に次ぎ、閲覧席数は旧ソ連のレーニン図書館に次いでいずれも世界第二位を誇る。

この国会図書館の東、三宅坂を少し下るあたりに面した一画が、豊臣秀吉の武

日本水準原点標庫

日本水準原点標庫（国会前洋式庭園内）

千代田区永田町 1-1

最寄駅：地下鉄丸の内線・千代田線「国会議事堂前駅」

日本全国の標高決定の基準として，1891（明治 24）年に設置。かつて加藤清正邸，彦根藩上屋敷，旧参謀本部があったいわくつきの場所だが，現在は国会議事堂前の洋風庭園として親しまれている

将で後に徳川家康に仕えた加藤清正の上屋敷跡で、都の旧跡となっている。もっとも加藤家は清正の子・忠広のとき断絶したため、その後は彦根藩井伊《いい》家の上屋敷となった。万延元（一八六〇）年三月三日、桜田門外で暗殺された井伊直弼《なおすけ》は、この屋敷を出て間もなく変事に遭った。

明治以後は、終戦まで参謀本部や陸軍省など旧軍関係の建物があったことは、戦前派の人なら記憶に新しいところだろう。その名残として、憲政記念館（尾崎記念館）の庭内南側にあるのが日本水準原点標庫である。全国の土地の標高をきめる基になるもので、参謀本部陸地測量部があったため、明治二十四年に設置された。原点の標高は二十四・四一四メートルである。

原点標を納めるこの倉庫、柱の上に刻まれた大日本帝国の文字が軍国の昔を偲《しの》ばせる。しかし、イギリスの建築家で、鹿鳴館《ろくめいかん》を設計したコンドルが工部大学校（東大工学部の前身）で教えた一期生の佐立七次郎《さたちしちじろう》の作品で、現存するコンドル一門の建物のなかでは最古のものである。

江戸を開いた太田《おおた》道灌《どうかん》

平成三（一九九二）年、新宿に新庁舎が完成して、東京都庁は丸の内から新宿へ移転した。旧都庁舎は取り壊されて、平成八年、その跡地に宇宙船のような東京国際フォーラム（ラファエル・ヴィニオリ設計）が出現した。

丸の内の旧都庁舎前にあった太田道灌の銅像は、東京国際フォーラムのガラスホール棟に鎮座する。

凜々《りり》しい鷹狩《たかが》りのいでたち。編笠《あみがさ》の下の顔は鋭く前方を望み、左手の弓にはいまにも矢がつがえられようとしている。彫刻家朝倉文夫の代表作の一つで、昭和三十一（一九五六）年の開都五百年を記念して製作され、丹下健三設計の当時の新都庁舎でにらみを利《き》かしていた。

太田氏は鎌倉の扇谷《おうぎがやつ》上杉氏に仕えた家宰で、道真《どうしん》と道灌父子の時代に関東南部にめきめきと勢力を伸ばした。道灌は少年時代から知勇とも人にすぐれ、ときには才気に走りすぎるところがあったらしい。父の道真が心配して、

「船の帆柱を見てみよ。まっすぐだから役に立つが、曲っていたら倒れて物の用に立たぬ」

と諭すと、このきかん坊は屏風《びょうぶ》を持ち出してきて、

「父上、屏風はまっすぐのままだと倒れ、曲げると立つのはなぜですか」

小癪《こしゃく》なやつ、と父が「驕者不久《きょうしゃ》（おごる者は久しからず）」と書いて教えると、この小僧はすぐ「不驕亦不久（おごらざれば亦《また》久しからず）」と書き添えてやりかえす始末だった。

真偽はさておき、下剋上《げこくじょう》の時代を迎える戦国武将にふさわしい逸話である。この道灌が江戸氏の本拠だった江戸に入って城を築いたのが康正二（一四五六）年、翌年四月に完成したと伝えられている。

当時の江戸は、現在の日比谷公園から東京駅あたりまで一面の砂浜で、利根川や荒川もここで東京湾に流れこんでいた。「江戸」の地名も、こうした大河（江）の入り口（戸）から出ているという説が一般的である。

文武に秀でた道灌は、父の案じた通り、主君の上杉定正にうとんじられ、文明十八（一四八六）年、糟谷《かすや》の館《やかた》（神奈川県伊勢原市）で謀殺された。

太田道灌像（東京国際フォーラム内）

東京国際フォーラム
千代田区丸の内 3-5-1　電話 03-5221-9000
最寄駅：JR・地下鉄有楽町線「有楽町駅」
ラファエル・ヴィニオリ設計で 1996（平成 8）年に完成。巨大な吹き抜けは，「鯨の骨格」を見るようだといわれている

江戸城築城工事の知恵

すでに見たように、明治初年に計画された日比谷を中心とする大官庁街建設プランは、この付近の地盤が弱かったため何度かつまずいて、軟弱部分は日比谷公園になるなど現在の形に落ち着いた。

ところで、徳川家康が大規模な江戸城築造に取りかかるまで、新橋・日比谷付近は東京湾から深く切りこんだ入江だった。家康は関ケ原の戦いで勝利を収め、ついには征夷大将軍《せいいたいしょうぐん》に任命されるが、築城工事はその将軍任命の翌年にあたる慶長九（一六〇四）年から始まる。工事には全国の大名が動員され、数千艘《そう》の船が伊豆から巨石を運び、濠《ほり》を掘り、石垣を築いた。また駿河台《するがだい》付近の丘陵がけずられて武家屋敷になるが、この掘り上げられた土、けずりとられた土で埋め立てられたのが日本橋、京橋、銀座、日比谷などという東京の繁華街なのである。

明治の歴史学者、田口卯吉《うきち》の編になる『大日本人名辞書』の一項を見よう。

「森本儀太夫《ぎだゆう》、勇士、名は秀虎《ひでとら》、加藤清正の臣なり。勇猛を以《もっ》て名あり。征韓の

大番所跡

役晋州《えきしんしゅう》の城を攻むるや城堅くして抜けず儀太夫等鉄棍《てっこん》を以て石垣を毀《こぼ》ち先登して城に入る」

この森本には土木工事の才もあった。慶長十九年、浅野と加藤の二大名が桜田から日比谷にかけての石垣築造を命じられた。加藤家の築造奉行となった森本は、軟弱地盤の土台を固めるため、まず人夫に武蔵《むさし》野《の》の萱《かや》を刈りとらせて沼地に敷き、その上に土を盛ってから、こんどは呼び集めた子供たちをそこで遊ばせ、拍手に合わせて踊らせた。

このように踏み固めた盛土の上に森本は十文字に組んだ檜《ひのき》材を置き、さらに大石を積んで基礎にした。旧帝国ホテルを設計したライトが軟弱地盤に松杭《くい》を打ち込んだ工法を想起させるが、他家の築造工事が大雨で崩落したのに対し、森本工法は磐石《ばんじゃく》を誇ったという。

地下鉄有楽町線工事で、この石垣基礎が伝承通りだったことが証明されたそうだ。

二重橋は手前か奥か

営団地下鉄・千代田線二重橋前駅をおりて、皇居前広場に向かう通路にこんな案内板がある。

〈二重橋　現在では一般に正門に至る石橋《いしばし》とその奥の鉄橋《てつばし》をあわせて二重橋といっているが、江戸時代に二重橋と呼ばれていたのは現在の鉄橋が架けられている方で、西の丸下乗橋といった。濠が深いため、当時、木橋の橋桁を二重にしていたことから、この名がついた。石橋の方は西の丸大手橋といわれ、俗にめがね橋ともいった〉

皇居がかつての江戸城であることはいうまでもない。その江戸を居城と定めたのは太田道灌《どうかん》で、城づくりは長禄元（一四五七）年にさかのぼる。道灌の有名な歌に、

我庵《わがいほ》は松原つづき海近く
富士の高嶺を軒端《のきば》にぞ見る

皇居鳥瞰

三の丸尚蔵館

千代田区千代田 1-1　電話 03-3213-1111（代表）
最寄駅：地下鉄丸の内線・東西線・千代田線・半蔵門線・都営三田線「大手町駅」
開館 9：00〜16：15（11 月から 2 月は〜15：45）月曜・金曜・年末年始休館
昭和天皇崩御ののち，今上天皇と香淳皇后が国に寄贈された絵画・書など 6000 点，また 1996（平成 8）年に故秩父宮妃が遺贈された美術品 900 点を収蔵し，一般にも公開している

とあるくらいで、当時は現在の東京駅から日比谷公園あたりまで遠浅の海で、漁家が点在し、浅草ノリの名産地だった。江戸に入った徳川家康が天下を手中にし征夷大将軍《せいいたいしょうぐん》となったのが慶長八（一六〇三）年。その翌年から江戸城の大拡張工事が始まり、三十年をかけて本丸の五層大天守閣、西の丸、北の丸に及ぶ城郭が完成した。正面は今のパレスホテル前にある大手門である。ところが、明暦三（一六五七）年の振袖《ふりそで》火事で、この天下一の城も西の丸を除いて全焼、将軍は西の丸を仮住まいとした。江戸城はその後もたびたび火災に見舞われ、幕末の文久三（一八六三）年には本丸、西の丸とも炎上してしまった。翌年西の丸御殿だけが再建され、将軍の住居となった。このため、いつか西の丸大手門が正面玄関となり、明治に入ってからは、これが正式に皇居正門と改称された。

東京遷都《せんと》直後の明治六年五月五日早暁、皇居が全焼する火災があり、明治天皇は以後十六年間、赤坂離宮に住んでおられたが、明治二十一年に新皇居が竣工《しゅんこう》、同時にそれまでの木橋から現在の正門石橋（西の丸大手橋）と鉄橋（西の丸下乗橋）がお目見得した。宮内庁では二重橋という名称を用いず、〈正門石橋〉〈正門鉄橋〉と正式名称で区別して呼んでいる。

江戸城本丸の御金蔵破り

深い濠《ほり》と高い石垣を周囲にめぐらせている皇居・千代田城を眺めていると、そこに忍び込むなんてとても不可能のように思われる。ところが、江戸時代末期、大地震のあった安政二（一八五五）年にこともあろうに江戸城本丸の御金蔵から、二千両箱二つ計四千両が盗まれるという事件が発生した。犯人は、外部から忍び入った二人の賊だった。

「同（三月）六日夜、御本丸御金蔵内の金子《きんす》、小判にて四千両紛失す。上槇町《かみまきちよう》清兵衛地借藤岡藤十郎（三十九歳）富蔵と共謀し、木を以《もつ》て合鍵《あいかぎ》をつくり盗みとりしが、安政四年二月二十六日、露顕して召捕へられ、五月十三日両人引廻しの上、千住に於《お》いて磔刑《はりつけ》に処せらる」

『武江年表』安政二年の項にこう記されている。いわゆる安政の大地震が起きたのはこの年の十月二日だから、地震のために幕府の警備がゆるんでいたわけではない。大胆不敵の犯行といわざるをえない。

この高い石垣を…

皇居東御苑

千代田区千代田 1-1　電話 03-3213-1111（代表）

最寄駅：地下鉄東西線「竹橋駅」（平川門・北桔橋門から入場），地下鉄丸の内線・東西線・千代田線・半蔵門線・都営三田線「大手町駅」（大手門から入場）

開園 9：00〜16：30（11 月から 2 月は〜16：00）月曜・金曜・年末年始休園

『武江年表』も犯行の手口をちょっと紹介しているが、伊原敏郎『歌舞伎《かぶき》年表』に収録されている二人の〝判決書〟に、さらにくわしい事情が書かれている。

それによると、主犯は盗みの前科がある富蔵だったらしい。彼は前科のしるしの入墨を隠し武家の仲間《ちゅうげん》にもぐり込んでいるうちに、お供で江戸城内に入る機会があり、御金蔵のありかを知った。たまたま知り合った浪人の藤十郎に御金蔵破りの話を持ちかけ、富蔵が蔵の鍵を写し取って合鍵を作り、まんまと四千両を盗み出した。

本丸は、いま一般公開されている皇居東御苑《ぎょえん》ということになるが、濠を渡ったり、門や矢来を乗り越えたりの〝苦難〟の連続だったらしい。それにしても、幕末になって幕府の警備もたががゆるんでいたのだろうか。

四千両は、今の金にすれば数億円になろうか。さしずめ江戸時代の三億円事件といえる。ただ四千両事件の犯人は両替店から足がついてしまった。十両以上盗めば首が飛ぶ時代、二人はいくつ首があっても間に合わなかった。

ご存知松の廊下跡

皇居の東地区にあたる旧江戸城の本丸と二の丸を中心とした地域は、現在皇居東御苑《ぎょえん》として一般に開放されている。広さは約二十一万平方メートル、松の緑と石垣や濠《ほり》に加えて、大手門、同心番所、百人番所、天守台、富士見櫓《やぐら》などに江戸城の姿を偲《しの》ぶことができる。

この御苑西側の林の中に、松の廊下跡もある。ご存知「忠臣蔵」事件の発端、播州《ばんしゅう》赤穂《あこう》の城主浅野内匠頭長矩《たくみのかみながのり》が高家の吉良上野介義央《きらこうずけのすけよしひさ》に刃傷《にんじょう》に及んだ所である。刃傷事件の発生は元禄《げんろく》十四（一七〇一）年三月十四日、翌元禄十五年十二月十四日、赤穂の浪士大石内蔵助《くらのすけ》良雄以下四十七人の面々が江戸・本所の吉良邸に討ち入って義央を討ち取る。この討ち入り、映画や芝居ではだいたい降りしきる雪の中でチャンバラが展開されることになっている。まさに劇的効果満点といいたいが、実際には当日、雪は降っていなかった。

「きのふふりたる雪の上に、暁の霜置き、いてこほりて、足もともよく、火のあ

大星樂屋の評判

大石内蔵助

かりは世間を憚《はばか》りて、挑灯《ちょうちん》も炬火《たいまつ》も、ともさねども、有明の月冴《さ》えて、道の惑ふべくもなくて……」

笹川臨風《ささがわ》の『赤穂義士研究』に載っている浪士の一人小野寺十内が妻に出した手紙の一部である。討ち入りの時刻は十四日の寅《とら》の上刻だから、今流にいうなら翌十五日午前四時頃になる。つまり、雪は前々日に降ったもので、当日は満月に近い月明が残雪に映える快晴だった。

それにしても、十二月中旬に江戸で雪が降り積もるとは――江戸時代は、気象的には現在より全般に寒かったらしいが、元禄十五年はそれほどの異常気象だったのだろうか。実は、これは新暦と旧暦の違いである。元禄十五年は西暦に直すとだいたい一七〇二年になるが、その十二月十四日は翌一七〇三年の一月三十日に当たる。この時期なら今も大雪の可能性は十分にある。だから、現在も義士祭は十二月十四日ということになっているが、今の暦では一月三十一日としなければならない。

江戸城は平河門物語

大正時代に、移り変わる東京の姿を軽妙な筆にのせた矢田挿雲『江戸から東京へ』に、次のような一節がある。

「(江戸城の)大手門と竹橋門との間に、平河門といって死人や罪人を出す不浄門があった。……三代将軍の時、春日局《かすがのつぼね》、どこで道草を喰ったものか、門限すぎに帰ってきた。供侍は情実的の声を張上げ、『お局《つぼね》様の御帰還でござる。開門開門』と呼ばわったが、平河門の門衛、『お局様であれ、天照大神であれ、君命なき上は一寸たりとも開門すること罷《まか》りならぬ』とばかり一向取合わない。春日局仕方がないから濠端《ほりばた》に駕《かご》をおろし、夜更《よふけ》まで寒風に吹かれ、将軍のゆるしを得てかろうじて入ることができた」

家光の乳母として権勢を振るった女傑も閉め出しを食ったという有名な話だが、さすが春日局、寒い目にあわされながら剛直な門番の態度に感服し、家光に登用

平川門（平河門）

を薦めたという後日談まである。

いま、宮内庁の正式呼称は平川門。奥女中の通用門だったのでお局門の名もあるが、矢田挿雲が書いた通り不浄門でもあったため、浅野内匠頭《たくみのかみ》や大奥女中の江島が送り出されたという歴史も持つ。皇居東御苑《ぎょえん》にある現在の門は関東大震災後の再建だが、往時の桝形《ますがた》門の姿を残す貴重な文化財で、橋の擬宝珠《ぎぼうし》には慶長、寛永の年月日の刻まれたものもある。これは西丸大手門（二重橋）にあったものの転用という。

この平河の地名、千代田区内に三か所もある。すなわち平河門のほかに、平河天神や日本都市センターのある平河町と、ＪＲ秋葉原駅に近い神田平河町である。

そういえばややこしいが、もとは一つで、平河門のあったあたりが地名の発祥地。江戸築城前にここを流れていたのが平川（現在の内濠と日本橋川）だ。慶長年間に川のほとりにあった平河天神を現在地に遷座《せんざ》して、麹町《こうじまち》に平河の地名が生まれ、そこの町民の一部が移り住んだのが神田平河町だ。

山王祭りと象と半蔵門

東京都心で、緑と水が調和して最も美しい景観をなしているのは、皇居外周の三宅坂付近から半蔵門あたりにかけてではなかろうか。お濠《ほり》の水に映える松の緑は一幅《いっぷく》の日本画といってよく、時雨《しぐれ》でも降れば、それはそれで墨絵の風情《ふぜい》がある。

この絵画的風景に、またよく融けこんでいるのが江戸城以来の半蔵門である。この門は、麴町《こうじまち》口に向かっており、甲州・青梅街道に通じる。幕府は、麴町番町に旗本の屋敷を置いて、江戸城搦手《からめて》の防備を厳重にしていた。つまり、半蔵門は軍事上の拠点の一つでもあったわけだが、意外なことに、平和なお祭りとも縁がある。

天下祭りといわれた、山王日枝《ひえ》神社の山王祭りの行列は半蔵門から江戸城内に入って、将軍の上覧に供したのである。このことから、門の名前の由来についての珍説は前に紹介した。麴町の象の曳《ひ》き物が大きすぎて半分しか門をくぐることができなかったからというものである。

もちろん、これは冗談ではあるが、象の日本への渡来は意外に古く、室町時代の応永十五（一四〇八）年にさかのぼる。以来、江戸時代までに七回も生きた象が渡来している。

なかで最も評判になったのは享保《きようほう》十三（一七二八）年で、清の商船によってオス、メス二頭が長崎に入港した。このうちメスは病気で間もなく死んだが、オスは翌年、大阪・京都・江戸と巡回。京都では時の天皇、法皇もご覧になり、象は従《じゆ》四位を授けられるというもてぶりだった。

江戸では将軍吉宗が見物したばかりか、以後十三年間幕府で飼ったというのだから、江戸市民は象に親しみを持ち、祭りの曳き物にも仕立て「半象門」の洒落《しやれ》もできたわけである。

さて、半蔵門の本当の由来は「昔此所《この》に服部半蔵組屋敷有し故《ゆえ》、名付と也《なり》」（『江府名勝志』）で、家康に仕えた旗本で、後世は忍者として名高い服部半蔵正成の屋敷が、このあたりにあったためである。

半蔵門

マンションの街の平河天神社

地下鉄にも小味な駅がある。半蔵門線の半蔵門駅は、ホームの側壁に歌舞伎《かぶき》の定式幕《じょうしきまく》と同じ黒・柿《かき》・萌黄《もえぎ》の三色模様がめだつ。千代田区隼町《はやぶさちょう》にある国立劇場が近いからで、南側の改札口を出た地下道の壁には「鏡獅子《じし》」を描いた大きなタイル壁画、それに最寄りの半蔵門風景を描写したタイル壁画が続いている。

地下道から外へ出ると、しゃれたマンションが建ち並ぶ麴町《こうじまち》台地である。高層マンションが並ぶ表通りのすぐ裏手に、ものしずかに鎮座しているのが平河天神社（平河町一丁目）である。社殿は戦災で焼失し、戦後に再建されたものだが、参道の古びた大鳥居には「天保十五甲辰歳」とあざやかに刻まれている。西暦一八四四年、天保《てんぽう》が改まって弘化元年となった年でもあるが、近隣の海に異国の船が出没し、幕末動乱の風が動きはじめたころである。

もっとも平河天神社の創建はずっと遡《さかのぼ》って文明十（一四七八）年、太田道灌《どうかん》が江戸築城の際に川越城本丸の三芳野《みよしの》天神から勧請《かんじょう》したと伝えられている。皇居の

城内　梅林坂

平河天神社

千代田区平河町 1-7

最寄駅：地下鉄半蔵門線「半蔵門駅」，有楽町線「麴町駅」

ご利益は，学問成就（特に医学），芸能，商売繁盛。年末には「歳の市」が開かれる

平河門内には、いまも梅林坂と呼ばれるところがあるが、これは当初の天神社鎮座の地で梅が植樹されたために出た名である。江戸城の拡張工事にともなって家康が平河門外に社殿を移したことから平河天神と呼ばれるようになり、さらに慶長十二（一六〇七）年、現在地に遷座《せんざ》しているが、同時にここの町名も平河となっている。

江戸城の足もとには半農半漁の村が点在していたころで、神田、千代田、宝田、祝田《いわいだ》、桜田という地名がチェーンのようにつながって現在にまで残っているのが興味深い。

江戸城の整備が進むとともに日比谷などが埋め立てられ、諸大名の屋敷町に変貌《へんぼう》していく。火事が江戸の華といわれるほどに発展するのである。

先に触れた神田平河町は、享保《きょうほう》十二（一七二七）年に麴町の平河町一丁目が延焼し、防災の火除地《ひよけち》に指定されて住民が移住した代地で、明治二年、神田平河町となった。

隼町《はやぶさちょう》と渡辺崋山《かざん》の悲劇

皇居の桜田門から半蔵門にかけての濠端《ほりばた》の風景は、現代都市東京のなかに江戸の面影をあざやかに残している。高い石垣、松の緑が桜田濠に深い影を落として、都心でも時間が止まったような感じのする一画である。

この美しい濠端を眺望する坂上にあるのが国立劇場と最高裁判所。地名は千代田区隼町《はやぶさちょう》だが、このあたりは三宅坂の名でよく知られている。

三宅坂と呼ばれるのは、ここに三河国（愛知県）田原藩主三宅氏の屋敷があったからだ。

幕末のすぐれた文人画家、渡辺崋山《かざん》は寛政五（一七九三）年九月十六日、このお濠端の田原藩邸内の長屋で生まれた。名は定静《さだやす》、通称を登《のぼる》といった。

父は家老職の末席も勤めた上士で禄高《ろくだか》は百石。しかし一万二千石の田原藩の財政は窮乏をきわめ、家臣の扶持《ふち》はけずりにけずられて実収入は十二石足らずというありさま。登を長男に八人の子を抱え、そのうえ父は二十年にわたる大病で、

三宅坂　桜田濠

三宅坂小公園

千代田区隼町 4—3

最高裁判所前の三宅坂小公園内に「渡辺崋山誕生地」の説明板と，「平和の記念像」がある

国立劇場

千代田区隼町 4-1　電話 03-3265-7411

最寄駅：地下鉄半蔵門線「半蔵門駅」

歌舞伎，文楽，演芸などの公演が行われている。また図書閲覧室には伝統芸能関係の資料，映像が豊富に揃えてあり，一日中いても飽きない（平日 10：00～17：00）

渡辺家は畳、建具のほかはすべて質に入れるという火の車の家計のなかにあった。

雪のちらつく日に他家へ出される弟を郊外の板橋まで見送った話、日本橋の衆人環視のなかで備前岡山侯の行列をさえぎったという理由で供侍《ともざむらい》に手ひどくなぐられ泥まみれになった話など、苛酷《かこく》な境遇のなかで発奮する登少年のエピソードは後年崋山自身が書き残したもので、戦前の修身教科書にも紹介されて有名である。

口減らしのため弟妹はつぎつぎと他家の養子などに出され、後継ぎの登も家計を助けるために画作に精進し、凧《たこ》や提灯《ちょうちん》の絵だけでなく「合歓図《ごうかんず》」と呼ばれるポルノ制作の内職までやったという。

そのすぐれた学殖が逆に幕閣を刺激し、主家や友人に累《るい》の及ぶことを恐れて、数え四十九歳で自刃《じじん》する悲劇の生涯だった。

隼町は鷹匠《たかしょう》の屋敷地があった麹町《こうじまち》一丁目付近の地名だったが、明治五年、隣接の現在地に町名が引き継がれ、封建の世の記憶をとどめている。

頭文字を集めた紀尾井坂

東京・赤坂見附界隈《かいわい》には、大きなホテルが点在している。その一つホテルニューオータニ本館は、東京オリンピックの年の昭和三十九年、大成建設によって建築された。地上十七階の建物は、ビルの超高層化へのさきがけとなった建築物であり、回転式のスカイラウンジは評判になったものである。三十九年度の建築学会賞を受賞した記念すべき建物でもある。

このホテルから外堀通りに出る途中に「喰違《くいちがい》見附跡」がある。「喰違」とは、城の縄張りの一形式で、土塁を入りくませ、わざと見通しを悪くしたところである。見附から東へ、清水谷《しみずだに》に下りる坂が「紀尾井坂」で、ホテルを含むこの辺の地名「紀尾井町」は、明治になってから坂にちなんで付けられた。

それでは坂の名は、というと、これはたわいがない。坂をはさんで紀伊殿、尾張殿、井伊殿、つまり紀伊徳川家、尾張徳川家の各上屋敷と、井伊掃部頭《かもんのかみ》家の中屋敷があり、それぞれの頭文字「紀」「尾」「井」を取って、つなぎ合わせたわけ

赤坂弁慶橋

ホテルニューオータニ

千代田区紀尾井町 4-1　電話 03-3265-1111（代表）

ニューオータニ美術館

千代田区紀尾井町 4-1　電話 03-3221-4111

開館 10：00～18：00　月曜休館

最寄駅：地下鉄銀座線・丸の内線「赤坂見附駅」，半蔵門線・有楽町線・南北線「永田町駅」

である。もっとも「紀尾井」は江戸っ子の好んだ「勢い」に通じるので、頭文字を並べる順序は、案外、それをなぞったのかもしれない。従って「紀尾井坂」は俗称で、『江戸名所図会《ずえ》』や『江府名勝志』は清水坂としている。

「尾州公御館《おんやかた》と井伊家の間の坂を云ふ。清水谷と唱ふるもこの辺の事なり。この所の井を柳の井と号《なづ》くるは、清水流るゝ柳蔭といへる、古歌の意をとりてしかいふとなり」（『名所図会』）

古歌とは、西行の〈道のべに清水流るる柳陰　しばしとてこそ立止まりつれ〉を指す。柳の井は現存しているが、例の桜田門外で討たれた井伊大老の首を洗った井戸との言い伝えもある。

暗殺といえば、明治十一年、大久保利通が刺殺された場所は紀尾井坂だった。それ以前の同七年一月には右大臣岩倉具視《ともみ》が喰違見附で襲われている。華やかなホテルの灯の陰に維新の歴史が秘められている。

番町、旗本屋敷、滝廉太郎《れんたろう》

東京・千代田区に一番町から六番町までの町があり、古くから番町で知られている。

江戸城のすぐ西側、甲州街道の道筋にあたる枢要《すうよう》の地なので、徳川家康は将軍直属の大番衆《おおばんしゅう》をここに住まわせて防衛拠点とした。大番衆は三河以来の譜代や旧臣で固められており、江戸城の警備、江戸市内の治安の維持、大坂城などの警衛を本務としたから、いわば近衛師団に相当する直轄《ちょっかつ》軍団である。

大番は六組で、一組の人数は番頭《ばんがしら》一人、組頭《くみがしら》四人、番衆五十人、与力十騎、同心二十人で編成されたといい、それぞれの組の屋敷地があったところが一番町、二番町と呼ばれるようになったらしい。

もっとも初めの六組がまもなく十二組に増強されたほか、老中支配の大番、若年寄支配の御書院番、御小姓組番など組織も複雑で、これが堀端一番町、新道一番町、表・裏二番町、袋二番町などさまざまな名称の町に屋敷を構えたわけである。テレビドラマと違って、江戸の武家屋敷には表札など出ておらず、このあたりのややこしさは当時から「番町にいて番町知らず」の言葉を生んでいる。

明治以降も合併や名称変更が繰り返され、現在のように再編されたのは昭和十三年のこと。したがって江戸時代の堀端一番町は現行の三番町に当るそうである。

その三番町に残るのが塙保己一《はなわほきいち》の和学講談所の跡だ。江戸中期の国学者で、盲目の障害を克服して『群書類従』をまとめあげた。いまの一番町には英国大使館があり、濠端《ほりばた》沿いの桜並木は激動の明治維新を冷静に記録した英国公使アーネスト・サトウの寄付に始まるという。

この町には「番町皿屋敷」の怪談や、幡随院長兵衛《ばんずいいんちょうべえ》が風呂《ふろ》場《ば》で旗本水野十郎左衛門に刺される「湯殿の長兵衛」など、有名な舞台シーンも豊富だが、一番町の滝廉太郎《れんたろう》旧居跡で「荒城の月」「花」「箱根八里」などの名曲のかずかずを生んだ明治の天才の夭折《ようせつ》を惜しんだ方がよいかもしれない。

滝廉太郎旧居跡

地下鉄半蔵門駅５番出口を出て袖摺坂を上ると，左手に「滝廉太郎旧居跡」の碑が（一番町 6-4）。さらに直進し，大妻女子大前の御厩谷坂を通過した三番町交差点にあるのが「塙保己一和学講談所跡」（三番町 24）。そこを左折し，日本水道会館の角を右に曲がると，あの「番町皿屋敷」のお菊が帯を引きずって歩いたという「帯坂」に

大村益次郎《ますじろう》と招魂社の九段坂

明治四年生まれの作家、田山花袋《かたい》が修業時代の思い出を綴《つづ》った『東京の三十年』に、次のような一節がある。

「九段の招魂社は、私に取って忘れられない印象の多いところである。……その頃は境内はまだ淋《さび》しかった。桜の木も栽《う》えたばかりで小さく、大村の銅像がぽっつり立っているばかりで、大きい鉄の華表《とりい》もいやに図抜けて不調和に見えた」

貧乏士族の子だった花袋は、牛込の家から九段を抜けて神田の英語学校や上野の図書館へ歩いて通った。その頃、というのは日清戦争前後で、大村益次郎の銅像が完成したのは明治二十六年二月五日である。

長州の村医者から蘭《らん》学を修めて日本の近代兵制の創始者となった大村の生涯は、小説やテレビでおなじみだが、この銅像は九段坂から上野の山に立てこもる彰義隊を望む姿といわれ、左手に双眼鏡をつかんでいる。

以下は、慶応四年（明治元年）官軍が上野を攻める模様を簡潔に叙述する大佛《おさらぎ》

九段坂　田安門

靖国神社

千代田区九段北 3-1-1　電話 03-3261-8326（社務所）
最寄駅：地下鉄東西線・半蔵門線・都営新宿線「九段下駅」
戦没者の霊を慰める「みたま祭り」が毎年 7 月 13 日から 16 日に開かれる。参道の両脇を埋め尽くす 2 万 5 千もの「懸雪洞」（かけぼんぼり）が放つ光の世界に圧倒される

次郎『天皇の世紀』からの引用。

「総攻撃が行われると伝わると、一時は三千人も四千人も集っていた彰義隊が脱走者を出して、雪達磨《ゆきだるま》が溶けるように五百人ほどしか残らなかった。

官軍は二千人の優勢な兵力である。作戦計画など、ほとんど無用な戦闘に終始した。しかし、山側も死物狂いの防戦を続け、午前中に終了する予定のものが、正午になっても勝敗を決しなかった。五月十五日で梅雨の晴れ間の戦闘である。午後になると本郷台に据えつけた肥前藩のアームストロング砲が、新鋭の武器の猛威を示して、敵を混乱に陥らしめ、これに力を得て、黒門口始め諸方面の政府軍が山内に突入し、寛永寺の堂塔に火を放ち、敵の掃蕩《そうとう》に当った」

九段の地名は、宝永六（一七〇九）年、この坂に幕府御用屋敷が九段の石垣造成で建てられたためといわれ、現在は都市基盤整備公団（旧・住宅都市整備公団）の所在地である。

明治二年創建の招魂社が靖国《やすくに》神社と改称されたのは、同十二年のことである。

「九段の桜」の今昔

「三月下旬の彼岸桜につづいて、四月のはじめに都下の桜は満開となる。向島、上野公園、芝公園、御殿山、浅草公園、靖国《やすくに》神社、日枝《ひえ》神社、日比谷大神宮、音羽護国寺、愛宕《あたご》公園、日暮里花見寺、飛鳥《あすか》山、小金井、深川公園、江戸川端、坂本公園、牛天神、伝通院、池上本門寺、荒川堤、小石川植物園などが、花の名所として賑《にぎ》わった」

槌田《つちだ》満文編の『明治東京歳時記』は、明治後半の東京の桜の名所をこう列挙しているが、このうち現在も名所といえる所がいくつ残っているだろう。極端にいえば、昔のように盛んな花見が行なえる所は、歴史の古い上野公園と向島、比較的新しい靖国神社くらいではなかろうか。

このうち、戦前・戦中派にとって特別な感慨のある「九段（靖国神社）の桜」は、現在では、東京の桜の開花予想のバロメーターになっている。気象庁は、同神社の神門近くにあるソメイヨシノの蕾《つぼみ》を採取、観測して開花時期を予測、発表

九段の桜

靖国神社の庭には，ソメイヨシノや山桜など約1000本の桜が植えられている。また，お花見の名所としては，靖国神社からすぐの「千鳥ヶ渕の桜」も見逃せない。最寄駅は地下鉄半蔵門線・東西線・都営新宿線「九段下駅」

するのである。つまり、東京の本格的な春の訪れは、同神社の桜によって告げられるといえそうだ。

この九段の桜の歴史をたどると、靖国神社の前身・東京招魂社の創建が明治二年だから、当然それ以後のこととなる。もっとも創建前、馬場や武家屋敷があった九段周辺にはいくらかの桜があったそうで、創建に当たり改めて桜などの植樹が行なわれた。

「明治二年本社創建の設計書に拠《よ》るに、梅林・松林・桜林等あり」と『靖国神社誌』にある。実際の整備は翌三年から始められ、最初に桜を植えたのは維新の元勲木戸孝允《たかよし》と伝えられる。

当時、彼の別荘が巣鴨《すがも》の染井にあり、苗木はそこから移植された。染井は観賞用の桜の新品種ソメイヨシノの発祥地で、移植された苗木も恐らくこの新品種だったに違いない。

田安門と近衛《このえ》師団司令部

皇居旧北の丸の北、靖国神社と向かい合うように建っているのが田安門である。国の重要文化財に指定されている。扉釣具に「寛永十三丙子暦九月吉日　九州豊後住人　御石火大工　渡辺石見守康直」の銘がある。

その歴史が寛永十三（一六三六）年までさかのぼることができる証拠といえるが、門の歴史はそれより古く、寛永十三年は修理が行なわれた年らしい。石火大《いしび》工とは大砲鋳造の職人である。太平の世の中になって、その技術が門の建設、修理に転用されるようになったのだろう。

「田安」といえば、徳川御三卿《ごさんきょう》の一つ、八代将軍吉宗の二男宗武を祖とする田安家を連想する。事実、田安家の屋敷はこの門内、北の丸の西北部にあった。だから、一見、田安家があったから門名が付いたように錯覚しがちだが、釣具の銘の年号でわかるように、田安家より門の歴史のほうがずっと古い。

もともとこの門のあたりを「田安の台」といったところから門名になったらし

竹橋工芸館　旧近衛師団

東京国立近代美術館工芸館

千代田区北の丸公園 1-1　電話 03-3211-7781

最寄駅：地下鉄東西線「竹橋駅」

開館 10：00〜17：00　月曜・年末年始休館

1977（昭和 52）年開館。国内外の陶器，染織物などを収蔵。近衛師団司令部庁舎時代の面影が中央階段付近とホールに残っている

く、『江戸名所図会《ずえ》』は次のように紹介している。

「元飯田町九段坂の上、田安御門の辺をいへり。東南の方を斜《ななめ》に見下《おろ》して、佳景の地なり。この所に築土《つくど》明神の旧地あり、（中略）築土明神昔はこの地にありて、田安明神と称したるとなり」

遠望のきく展望台のような台地だった。『江戸砂子』には「田安御門、此所《このところ》田安の台といふ。下総《しもうさ》、安房《あわ》まで限なく見へて絶景の地なり」とある。ここから房総の海が見えたという、いまではとても信じられないような説明である。

いま、田安門を入ると北の丸公園である。日本武道館、科学技術館、国立公文書館、国立近代美術館などの建物がある。なかでも異彩を放つのは、近代美術館付属工芸館となっている旧近衛《このえ》師団司令部の赤煉瓦《れんが》の建物である。明治四十三年、陸軍技師田村鎮の設計によって建設された。関東大震災、戦災にも無事だった明治の代表的な洋風建築で、国の重要文化財に指定されている。

植村正久の富士見町教会

ＪＲ飯田橋駅の西口を出て左へ九段方向へ歩くと、江戸城の面影を残した牛込御門の跡がツタの生い茂る石垣になっている。その筋向かいに、焦茶色《こげちゃいろ》のタイル壁のしゃれた日本基督教団富士見町教会の建築がそびえていて、対照の妙を生みだしている。

この富士見町教会は近年建て替えられたものだが、それまでの旧会堂もゴシック風の風格のある建築で、この付近を知る人にとってはなじみが深かった。

富士見町教会といえば、植村正久の名が思い出される。明治維新で没落した旗本の旧家の出身だが、明治・大正期の日本キリスト教界の指導者として内村鑑三と並び称された人である。

ながくＹＷＣＡ会長を務めた植村環《たまき》はその三女だが、正久はすぐれた学殖と熱烈な信仰心で当時の若者たちをひきつけた。島崎藤村著『桜の実の熟する時』には、「聖書翻訳の大事業に与《あずか》って力があると言われているその教会の牧師が説教台のところへ進んで来た。訳した人によって、訳された聖書が読まれる頃は、会堂の内は聴衆で一ぱいに成った。……捨吉（作中の藤村のこと）には既に親しみのある半分吃《ども》ったような声がポリポツリと牧師の口から泄《も》れて来た」と植村正久の説教ぶりが叙述されている。

正久は明治二十年に一番町教会を設立、これが富士見町教会に発展したが、関東大震災で焼失した。正久は大正十四年に世を去ったが、その遺志を継いだ人たちが昭和四年、現在地を選んで再建したのが旧会堂だ。設計は山本拙郎《せつろう》。日本の住宅設計の草分けで、荘重ななかに暖かみのある、すぐれた建築と好評を得たが、山本自身は施工《せこう》の大倉土木の行き届いた良心的な仕事を高く評価したという。

町名は、いうまでもなく富士山の見える高台にあるところから出ている。富士見町や富士見坂の名は都内に数多いが、いまでは富士山がよく見えるのは、西に向かって眺望のある高層ビルだけである。

牛込見附跡　富士見町教会

富士見町教会

千代田区富士見 2-10-38　電話 03-3261-0633

最寄駅：JR・地下鉄東西線・有楽町線・南北線・都営大江戸線「飯田橋駅」

神田・お茶の水界隈

神田・お茶の水界隈
0 50 100 150 200 250m
N
外神田二丁目
神田明神
野屋(甘酒)
外神田三丁目
中央通り
外神田四丁目
練塀町
三井記念病院
和泉町
外神田一丁目
花岡町
秋葉原
神田平河町
駿河台四丁目
昌平橋
万世橋
神田川
秋葉原
藪蕎麦
交通博物館
むら(汁粉)
和泉橋
美倉橋
柳森神社
いせ源(あんこう鍋)
や(そば)
須田町二丁目
岩本町
靖国通り
須田町一丁目
万惣(フルーツパーラー)
淡路町
神田青物市場発祥之地碑
東松下町
多町二丁目
神田
お玉ヶ池跡石碑・お玉稲荷
傘長(江戸文字)
お玉ヶ池種痘所跡石碑
首都高速
司町二丁目
鍛冶町三丁目
岩本町二丁目
鍛冶町二丁目
内神田三丁目
神田
岩本町一丁目
小伝馬町
営団銀座線
昭和通り
内神田二丁目
中央通り
小伝馬町
大伝馬町
鎌倉河岸ビル
本町四丁目
本橋川
室町四丁目
新日本橋
人形町通り
本石町四丁目
本町三丁目
堀留町一丁目
室町三丁目
本石町三丁目
本町二丁目

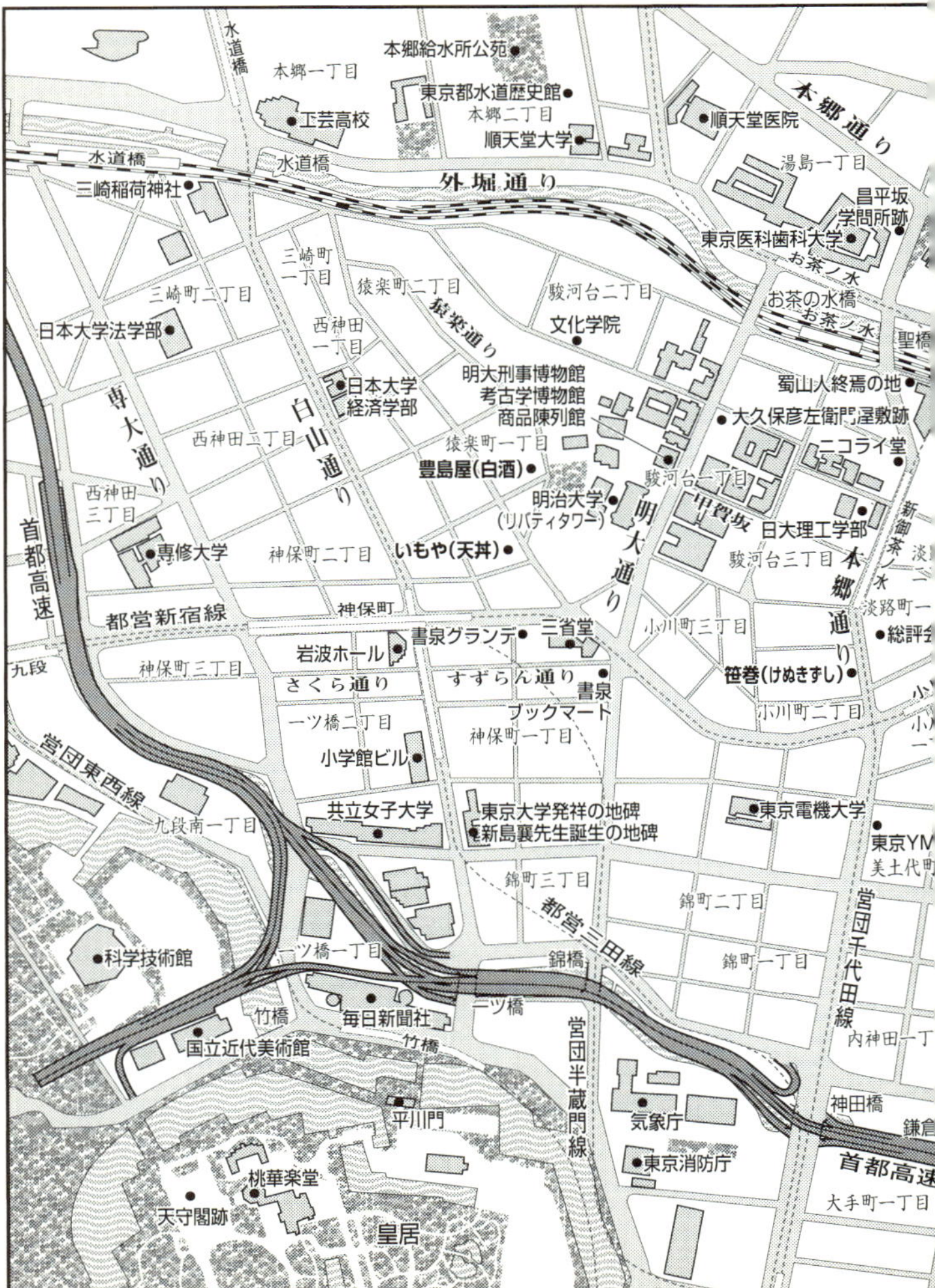

本郷給水所公苑
水道橋
本郷一丁目
東京都水道歴史館
本郷二丁目
工芸高校
順天堂大学
順天堂医院
本郷通り
湯島一丁目
水道橋
三崎稲荷神社
外堀通り
昌平坂学問所跡
東京医科歯科大学
お茶ノ水
三崎町一丁目
三崎町二丁目
猿楽町二丁目
駿河台二丁目
お茶の水橋
日本大学法学部
西神田一丁目
猿楽通り
文化学院
聖橋
蜀山人終焉の地
明大刑事博物館
考古学博物館
商品陳列館
日本大学経済学部
大久保彦左衛門屋敷跡
専大通り
白山通り
西神田二丁目
猿楽町一丁目
ニコライ堂
豊島屋(白酒)
駿河台一丁目
西神田三丁目
明治大学
(リバティタワー)
明大通り
甲賀坂
日大理工学部
首都高速
専修大学
神保町二丁目
いもや(天丼)
駿河台三丁目
本郷通り
新御茶ノ水
淡路町一
都営新宿線
神保町
三省堂
小川町三丁目
書泉グランデ
総評会
岩波ホール
九段
神保町三丁目
さくら通り
すずらん通り
書泉ブックマート
笹巻(けぬきずし)
小川町二丁目
一ツ橋二丁目
神保町一丁目
営団東西線
小学館ビル
共立女子大学
東京大学発祥の地碑
新島襄先生誕生の地碑
東京電機大学
九段南一丁目
東京YM
美土代町
錦町三丁目
都営三田線
錦町二丁目
営団千代田線
科学技術館
一ツ橋一丁目
錦橋
錦町一丁目
竹橋
毎日新聞社
一ツ橋
国立近代美術館
竹橋
営団半蔵門線
内神田一丁
神田橋
平川門
気象庁
鎌倉
東京消防庁
首都高速
桃華楽堂
天守閣跡
皇居
大手町一丁目

将門《まさかど》が復活した神田明神

神田のシンボルといえば、外神田二丁目に鎮座する神田明神の名で親しまれている神田神社であることに異論はないだろう。外神田とは、神田川をはさんで江戸城寄りを内神田といったのに対するもので、昔は地域の総称だったが、いまは内、外神田ともに町名となっている。

神社の元の町名は神田宮本町だった。

明治五年から正式には神田神社となった神田明神は天平二（七三〇）年の創建と伝えられ、最初は芝崎村、いまの大手町の将門塚《まさかどづか》のところにあった。それが江戸城の拡張によって慶長八（一六〇三）年、駿河台《するがだい》に、元和《げんな》二（一六一六）年には湯島台の現在地に移った。

『江戸名所図会《ずえ》』には「聖堂の北にあり、唯一《ゆいいつ》にして江戸総鎮守と称す。祭神大己貴命《おおなむちのみこと》　平親王将門《へいしんのうまさかど》の霊　二坐《ざ》」とある。聖堂とは湯島聖堂のことで、これはいまと変わらない。ところが、祭神については明治になってから〝異動〟があっ

神田明神

神田明神

千代田区外神田 2-16-12　電話 03-3254-0753
最寄駅：JR・地下鉄丸の内線「御茶ノ水駅」
毎年 5 月 15 日に近い土日をクライマックスに，毎年「神田祭り」が開催されている。境内には，この辺りに住んでいたとされる銭形平次の，寛永通宝を模った石碑や，「江戸国学発祥の地碑」がある。参詣の後は，1846（弘化 3）年創業の甘酒屋「天野屋」（日曜休。電話 03-3251-7911）で一服

たのである。

平将門は、平安時代の天慶《てんぎょう》元（九三八）年に天慶の乱を起こして関東に独立国を建てようとした、いわば朝敵である。江戸時代までは東国の人気者であり、幕府も将門がまつってある神田明神を厚く保護した。しかし維新後の明治七年、明治天皇が同神社に行幸するにあたり、ときの政府から「将門は朝廷に敵対した逆賊であり、配慮せよ」と文句が出た。

神社ではやむをえず将門のご神体を末社に移して格下げし、代わりに茨城県大洗磯崎神社から少彦名命《すくなひこなのみこと》のご神体を移し、大己貴命とともに主祭神とした。この措置に当時の神田っ子は大いに反発して祭りのボイコットにまで及んだと伝えられる。

しかし昭和も末になって、将門を再び主神の座にとの声が高まり、百十年ぶりに名誉回復の「遷座祭《せんざさい》」が行なわれた。神社の祭神にも時代色が反映されている。現在の神田祭りは五月。神田っ子の意気は高い。

神田錦町《にしきちょう》は護持院ケ原

神田橋と一ツ橋が架かる濠《ほり》の北側、現在の神田錦町一帯は、その昔「護持院ケ原」と呼ばれた広大な空地だった。『江戸名所図会《ずえ》』は「護持院の旧地」として次のように説明している。

「神田橋と一橋との間、御溝《おんほり》の外の芝生を云《い》ふ。この所は大塚護持院の旧址《きゅうし》なり。〔元禄年間柳原の南にありし知足院を引きて、護持院と号《なづ》けられ、殿堂御建立《こんりゅう》ありしが、享保回禄《きょうほうかいろく》（火災）の後、大塚の地へ移され、後明地《あきち》となる〕」

護持院とは、徳川五代将軍綱吉と、その生母桂昌院《けいしょういん》が深く帰依《きえ》した僧隆光《りゅうこう》の寺である。史上悪名の高い「生類憐《しょうるいあわれ》みの令」は、この隆光が綱吉にすすめて公布させた。綱吉は隆光に神田橋外五万坪の地を与えて護持院を建立したのである。

しかし、この護持院は享保二（一七一七）年、火事で焼けた。幕府はその跡を防災のための火除地《ひよけち》として空地とした。江戸城に近いこの地は、護持院建立の前も火除地だったので、元に戻したわけで、空地は一番から四番まで設けられた。

往年の「学士」が集う学士会館談話室

学士会館

千代田区神田錦町 3-28　電話 0120-38-3811

最寄駅：地下鉄半蔵門線・都営新宿線・三田線「神保町駅」，東西線「竹橋駅」

高野貞太郎，佐野利器の設計の建物は 1928（昭和 3）年に竣工。「東京大学発祥の地」碑，「新島襄先生誕生之地」碑もここに

大小のビルが建ち並ぶいまの錦町からはとても想像できないが、その情景は「林泉の形残りて頗《すこぶ》る佳景なり。夏秋の間はこれを開かせられ、都下の人こゝに遊ぶ事をゆるさる。冬春の間は、時として大将軍家こゝに御遊猟あり。故《ゆえ》にこの所を新駒《こま》が原とも唱ふるとなり。世俗は護持院の原と呼べり」(『名所図会』)というものだった。

天保六（一八三五）年にはここで親の仇討《あだう》ちがあって、江戸中の評判になった。これは『護持院原の敵討』という森鷗外の小説になっている。行楽シーズンはともかく、仇討ちが行なわれるような寂しい原っぱだったわけである。

この護持院ケ原には馬場があって、現在の学士会館はその跡地である。また、これに隣接して上州安中《あんなか》藩主板倉家の藩邸があった。キリスト教主義の教育家で、京都の同志社大学を創立した新島襄《じょう》は、この藩邸内の長屋で生まれた神田っ子なのであった。

江戸造りの拠点、鎌倉河岸《がし》

外堀通りを大手町から神田に向かって進むと、日本橋川に架かる鎌倉橋がある。この橋を渡った川沿いの一帯が鎌倉河岸《がし》である。

徳川家康は天正十八（一五九〇）年八月一日、つまり、八朔《はっさく》の吉日に江戸に入府したといわれる。江戸に入った家康は、さっそく市街地造りと江戸城増改築に着手した。城の増改築には当然木材や石材などのおびただしい建築資材を必要とする。

その資材は鎌倉から運ばれたが、資材の大量輸送は陸路より船を使った水路の方が便利である。鎌倉からの資材は鎌倉河岸で陸揚げされたために、その名が付いたといわれる。また一説には、築城に携わる職人に鎌倉出身が多く、その人たちが付近に住んでいたからともいう。

ただし、無人の荒野に突然重要物資陸揚げの拠点が築かれるとは考えにくい。日本橋川の開削は家康の入府後としても、このあたりは案外古くから開けていた可能性がある。
「武蔵野《むさしの》、即《すなわち》、その上の江戸の土地を呼んで、月が草より出でて草に入るとなしたのは、古くから常識化されてゐるけれども、しかし狐狸《こり》虫類だけの住家が忽然《こつぜん》として都邑《とゆう》となつたるものではなく、『人』は相当古くからこの地に生活したものので現に江戸（東京）には、これに随伴する芸術文化こそ少なけれ、縁起の古い神社仏閣はなかなか多く……寺社のあるといふことは、それだけ人の栄えたことを意味するものである」

木村荘八の『東京の風俗』（冨山房）の中の記述である。神田明神の旧地に近い鎌倉河岸あたりは、家康入府前から人が住んでいたかもしれない。

いずれにしろ、江戸時代を通じてこの地は物資の陸揚げ拠点として栄え、各地の物産の問屋街が形成されていた。その名残は明治以後も続き、昭和初期までここで木材の荷揚げが行なわれていたという。現在はここもオフィス街に変わっているが、ビルの一つが「鎌倉河岸」の名を付けている。

鎌倉河岸の夏みかんの木

青物市場の始まりは神田多町

神田には、二丁目があって一丁目がない不思議な町がある。神田多町がそれで、昭和四十一年の町名変更で一丁目は内神田三丁目に編入されたが、二丁目はそのまま残ったからである。

その多町について、元気象庁職員の安藤隆夫氏は『東京の四季』（農山漁村文化協会）の中で次のように書いている。

「江戸時代から昭和の初めまでは、タマチなどと呼ぼうものなら、『この山ダシ野郎』といって、天びん棒でどやされかねないほど、東京では有名な町であった」

タマチではなく、タチョウが正しい読み方であるからで、天秤棒《てんびん》が持ち出されるのにも、わけがある。

現在の淡路町交差点に近い須田《すだ》町一丁目十番地の地点に「神田青物市場発祥之地」の碑が建っているが、多町を中心とするこの付近一帯は江戸時代から昭和の

神田青物市場発祥之地の碑

神田青物市場発祥之地の碑

千代田区神田須田町 1-10　最寄駅：地下鉄丸の内線「淡路町駅」，都営新宿線「小川町駅」

傘長（江戸文字）

千代田区神田多町 2-4　電話 03-3256-7007

営業 9：00～17：00　日曜・祝日休

創業 1852（嘉永 5）年。独特の江戸文字で提灯に名前を入れたり，最近では携帯電話のストラップに付ける木の札に，好きな文字を焼き付けてくれる

初めまで青物市場だった。江戸もごく初期の生鮮食料品の市場は、ほぼ自然発生的に荷揚げに便利な鎌倉河岸《がし》にできた。それが、明暦三（一六五七）年のいわゆる振袖《ふりそで》火事後の江戸市街再建の結果、市中に散在していた青物商が多町を中心に集まって一大市場を形成した。

これが貞享《じょうきょう》三（一六八六）年のことといわれ、下って正徳四（一七一四）年には幕府の青物役所が設置され、江戸城で使う野菜類を納めることになった。幕府の御用をうけたまわる青物市場はこのほか駒込《こまごめ》と千住があって、多町と合わせて三御用市場ともいうが、ここは最も身近な江戸城の台所だった。

多町の名については、この付近は初め神田山の東に広がる湿地帯で、それが神田川開削の土で埋め立てられて田が作られたことに由来するという。「田町」が後に「多町」となったわけである。いずれにしろ、江戸初期の新開地で、市場が設置できるほどの空地があり、また鎌倉河岸、神田川を近くに持つ水運の便利な所だった。

この多町市場は、昭和三年まで続いた。

世界最大の古書店街、神保町

「神田の古本屋街は世界でも類例のない規模を誇るが、明治の後半に姿を現わし始めたようだ。昔の九段通りは非常に狭く人力車がやっと通れるか通れないかだったらしい。大震災で失われた古書籍は何十万冊にものぼった」

日本人以上に日本通のエドワード・サイデンステッカー米コロンビア大学教授が『東京下町山の手 1867—1923』に書いているように、神田神保町の古書店街は世界的なものである。世界の古書店密集地としては北京の琉璃廠《ルーリーチャン》、パリ・セーヌ河畔も有名だが、神保町のそれは世界最大といわれ、古書店街抜きで神田を語ることはできないだろう。

新刊書店、出版社も含めてこうした本の街が形成された背景には、当然、神田地区への私立大学の集中、インテリ層の進出があった。古書店街は、だから神田の持つインテリジェンスの象徴でもある。

その生命はたくましく、大正十二年九月の関東大震災で全滅したのに、一年後には復旧している。

尾崎一雄の『懶《ものう》い春』にその様子が次のように書かれている。

「関東大震災と云《い》はれるあの災害で焼野原になつたこの古本屋街も、それから一年足らずで、店づくりは粗末ながら、殆《ほと》んど復旧してゐると云つて好かつた。大抵の本屋が、旧のところへ店を張り、書棚には、どこにかくれてゐたかと思はれるほど、本がぎつしりとつまつてゐた」

幸い、戦災は免れた。かなり以前から学生の本離れが進んでいるといわれながらも、神田古書店連盟のホームページを見ると、百四十店からの書店が載っている。そのうち九十一店は神保町一〜三丁目に店を構えている。

神保町の名は、元禄《げんろく》二（一六八九）年、幕臣神保長治がここに邸地をもらったのに由来する。初めに「神保小路」の通称ができ、明治五年に町名となり、さらに昭和九年、町域を拡大して再編成された。

神田古書街

神田神保町古書街

最寄駅：地下鉄半蔵門線・都営新宿線・三田線「神保町駅」

神田古本祭り

毎年 10 月末から 11 月にかけて開催。年に一度の大バーゲンの「青空掘り出し市」や，珍本・稀覯本などが出揃う「古書特選即売会」などが特設会場で行われる。本好きにはたまらない 1 週間だ

神田古書街ホームページ http://www.book-kanda.or.jp/

神田を重ねた美土代町

YMCA会館が、神田美土代町の地に開館したのは明治二十七年である。以来、この地の象徴的建物で、明治三十年代から大正にかけては社会、労働運動の中心的存在でもあった。演説会場として多く利用されたからである。いわば近代日本の時代の波に洗われた地である。

ところが、町名の起源となると、これが神道に発するのだから意外といえば意外である。

「神田」の名は、神さまに寄進する稲を作る田、あるいは神社に付属する田があったことに由来する。『江戸名所図会《ずえ》』の「神田明神の旧地」の項にも「又神田と号《なづ》くる事は、伝へ云《い》ふ、往古《そのかみ》諸国、伊勢太神宮へ新稲《にいしね》を奉《たてまつ》る故《ゆえ》に、国中その稲を植うるの地ありて、これを神田《かんだ》或《あるい》は神田御田《みとしろおだ》と唱へしとなり。この地は当国の神田《しんでん》なりし故、大己貴命《おおなむちのみこと》は五穀の神なればとて、こゝに斎《いつきまつ》りて神田明神と号《なづ》け奉りしとぞ」とある。

神田美土代町 YMCA 会館

YMCA

千代田区神田美土代町 7-1　電話 03-3293-1912

最寄駅：地下鉄千代田線「新御茶ノ水駅」，丸の内線「淡路町駅」，都営新宿線「小川町駅」

演説会場として知られた YMCA 会館も新しい建物に代わり，現在はホテルやスポーツ・ジムとして利用されている

つまり、「神田」は「かんだ」とも「みとしろ」ともいい、いずれにしろ同じ意味である。だから『新撰東京名所図会』は「神田の訓《よみ》みとしろなるを以《もっ》て直《ただ》ちに其《そ》の名とせしなり。されば美土代町といふは猶《な》ほ神田町といふがごとし」と説明している。「神田美土代町」は「神田神田町」というのと同じだというわけである。

重複というか、二重の念のいった町名だが、あるいは神田の中の神田という意味が込められているのかもしれない。この町名が付けられたのは明治五年で、それ以前は三河町の隣ということで新三河町といい、江戸時代は武家地だった。

この美土代町の西隣は神田錦町《にしきちょう》で、ここが昔の護持院ケ原であることは前に触れたが、その後武家地となり、明治五年に錦町となった。ここに一色《いっしき》家が二つあったからだという。一色と一色で二色＝錦というわけである。橋の両端に後藤家があったために後藤つまり五斗二つで一石橋の名が付いたという話とよく似ている。しゃれた町名である。

神田須田《すだ》町は日本一の盛り場

中央通りと靖国《やすくに》通りが交差する神田須田町交差点は、都内の他の交差点よりやや広いという印象を受ける程度で、現在は特別変わったところはない。しかしここは、かつて東京一の盛り場だった。

「神田というてェとあの須田町というところに電車の停留所がありました。あすこがね、昔は東京一の盛り場でした。と云《い》って、みなさん信用しないかも知れない。本当なんです」

さる昭和五十四年、七十九歳で亡《な》くなった落語家六代目三遊亭円生が『江戸散歩』（朝日文庫）の中で書いている神田についての思い出である。本当に信じられないような話だが、円生はさらにこう続けている。

「こゝんところの交差点の人てえのはなかった。電車が停ってもうぞろぞろ人でいっぱいでした。もちろん交通巡査がいましたがねえ、その時分に。まだ信号ができちゃいませんでしたが、こゝんところは交通整理しなきゃいけないだけ人が

万世橋駅跡

須田町交差点付近には老舗が多く，昭和初期の雰囲気漂う町並が残っている。まつや（そば）神田須田町 1-13。竹むら（甘味）神田須田町 1-19。いせ源（あんこう鍋）神田須田町 1-11-1。かんだ藪蕎麦（そば）神田淡路町 2-10
最寄駅：地下鉄丸の内線「淡路町駅」，都営新宿線「小川町駅」

通ったんです。あと何処《どこ》へ行ったたって、銀座へ行ったたって何処へ行ったたって、そんな事はないんですよ。須田町だけはまァひどい人通りでした」

昔の盛り場らしく、須田町には白梅亭、立花亭、小柳亭などの寄席があった。このうち立花亭は戦後もしばらく存続していた。それにしても、須田町がどうして東京一の盛り場になったのか。それは、ここがターミナルだったからである。現在のJR中央線が東京駅まで接続されたのは大正八年のことで、それまでは万世橋駅が終着駅だった。今の交通博物館（神田須田町一丁目）のところにも乗降口があった。

「親知らず、子知らずといはれた交通上の難所万世橋附近も変つた。須田町交差点が、日本橋寄りへ一丁ほど移転したのですつかり面貌《めんぼう》を変へてしまつた」

震災後の東京の様子を記した今和次郎《こん》編纂《へんさん》『新版大東京案内』は、盛り場須田町の変わり方を簡単に伝えている。その後、昭和十八年には万世橋駅も廃止となり、須田町の人波も昔語りとなってしまった。

二代目襲名の万世橋

神田須田《すだ》町の交差点から中央通りを秋葉原方面へ進むと、神田川に架かる万世橋がある。現在の橋は昭和五年にできたものだが、橋名にいくつかの変遷《へんせん》があり、万世橋としては二代目になる。

この橋が最初に架けられたのは明治十年で、現在の位置よりやや下流にあった。そのときの名前は昌平橋《しょうへいばし》だった。また、私設の橋で、渡るのに文久銭一文を払わなければならなかったので文久橋とも呼ばれた。

昌平橋は現在も万世橋の一つ上流に架かる橋で、寛永年間（一六二四〜四四年）架設の古い橋である。この昌平橋が明治六年洪水で落橋、三十二年に復興するまでなかったため、下流にできた橋が仮にその名を名乗ったわけである。

この落橋の一年前、現在の万世橋と昌平橋の間に東京で初めての石橋ができた。この地点には江戸三十六見附の一つ筋違《すじかい》見附があり、見附門や筋違橋があった。筋違の名は、日本橋から本郷への道と、内神田から下谷への道が筋違いに交差し

万世橋際

交通博物館

千代田区神田須田町 1-25　電話 03-3251-8481

最寄駅：JR「秋葉原駅」，地下鉄丸の内線「淡路町駅」・都営新宿線「小川町駅」

開館 9：30〜17：00 月曜・年末年始休館

万世橋駅跡に建設された。鉄道・自動車・船・航空機に関する資料を展示しているほか，C57 機関車や，世界最初のガソリン自動車なども見学者の興味を引く

ているところから付けられたという。

新しい時代になって、この見附も取り払われ、その石材で橋も面目一新した。ときの東京府知事大久保一翁《いちおう》によって、この橋は万世橋と命名された。読み方は初め「よろずよ」だったが、いつの間にか「まんせい」と呼ばれるようになった。初代万世橋の誕生である。二つのアーチがあって、それが眼鏡のように水面に映るところから「めがね橋」とも呼ばれ、錦絵《にしきえ》にも描かれるほどの東京名所となった。

ところが、昌平橋が復興してから筋違橋を名乗っていた現在の万世橋が明治三十六年、今の位置に鉄橋として架け替わり、これが一つ上流の橋名を〝襲名〟した。初代の橋はこれによって「元万世橋」となったが、三年後に廃橋となった。神田神社境内に、今も元万世橋の柱が保存されている。

万世橋の名は後に駅名にもなったが、これも前述のように、昭和十八年廃止された。

神社に名残の柳原土手

現在の万世橋付近から浅草橋にかけての神田川南岸は、その昔「柳原土手」といい、広重の絵にも描かれるほどの江戸の名所だった。

「筋違橋《すじかいばし》より浅草橋へ続く。その間長さ凡《およ》そ十町ばかりあり。享保《きょうほう》年間、この所の堤に悉《ことごと》く柳を栽ゑさせらる。（寛永十一年の江戸絵図には柳堤《やなぎづつみ》とあり。）堤の外は神田川なり。又この堤の下に、柳森稲荷《いなり》と称する叢祠《そうし》あり。故《ゆえ》にこの地を稲荷河岸《がし》と呼べり」

『江戸名所図会《ずえ》』の説明で、筋違橋とは、いまの昌平橋と万世橋との間にあった筋違見附に付属する橋だった。これによると、享保年間（一七一六〜三六年）に改めて柳を植樹したことがうかがえる。『御府内備考』には「柳原といへば柳を植へきよし鈞命《きんめい》ありて植へられしなり」とある。

いずれにしろ、享保の頃、柳原にはその名に反して柳はなかった。しかし、柳原の名は当然柳に由来する。しかもそれは太田道灌《どうかん》の江戸築城のときで、道灌は

千代田区　柳森神社

柳森神社

千代田区神田須田町 2-25

最寄駅：JR「秋葉原駅」，地下鉄都営新宿線「岩本町駅」

5 代将軍・綱吉の母，桂昌院が崇敬したとされ，境内の親子狸像を拝むと出世すると言われている。また，305 頁で触れる籾蔵跡の標識もここに

この地が城の鬼門に当たるところから、鬼門除《よ》けとして柳を植え、さらに稲荷神社をまつった。

これが柳原の起こりで、稲荷神社は柳森稲荷である。神田川の開削は江戸時代になってのことだから、まだ川も土手もなく、文字通りの柳原だったのだろう。『図会』も「昔は神田川の隔てもなく、この川の南北ともにおしなべて、柳原といひし広原なりしとなり」と書いている。神田川が通じて、南岸を柳原、北岸を向《むこう》柳原というようになったわけである。

いまの万世橋付近から神田川下流を見渡してみても、柳原の面影はない。ただ『図会』に「堤の下に」あると書かれている柳森稲荷（柳森神社）は健在である。万世橋と一つ下流にある和泉橋とのほぼ中間の南岸（神田須田町二丁目）に鎮座している。境内が道路より一段低くなっているのが「堤の下」という感じである。それに境内と神社前の歩道に柳があって、かすかに柳原の昔をしのばせてくれる。

籾蔵《もみくら》、東大医学部、お玉ケ池

万世橋と和泉《いずみ》橋の間の神田川南岸にあって、かすかに柳原土手の昔をしのばせる柳森稲荷（柳森神社）の近くには昔、「籾蔵《もみくら》」が建っていた。籾蔵とは幕府が凶作に備えて建てた米の貯蔵庫で、『御府内備考』に「寛政四（一七九二）年、下谷向柳原へ籾蔵を建てられし後、幾ほどなく大橋の東と当所へ建増ありしなり」とある。

向柳原は柳原の対岸、大橋は両国橋のことである。寛政の改革を推進した老中の松平定信が建てたもので、柳原の籾蔵は神社の南側一帯にあった。

和泉橋を北へ渡って三百メートルほど行った東側の町名は神田和泉町である。ここに藤堂和泉守《いずみのかみ》の屋敷があったことから明治五年に名付けられた町名で、橋の名もその門前に通じるところから「和泉橋」となった。

ここにある三井記念病院は、その前身を三井慈善病院といい、明治四十二年、三井家総代の三井八郎右衛門が私財を投じて設立したものである。さらにその前

お玉ヶ池

お玉ヶ池跡・お玉稲荷

千代田区岩本町 2-5

お玉ヶ池種痘所跡碑

千代田区岩本町 2-7

最寄駅：地下鉄都営新宿線「岩本町駅」A5 出口

は明治政府が設置した医学校があり、この医学校は明治九年に本郷の加賀・前田藩邸跡に移転した。つまり、東大医学部の前身であり、和泉町はその発祥の地ともいえるのである。

もっとも、医学校は幕府の医学所を復興させたもので、その医学所は種痘所に起源する。種痘所は蘭《らん》方医の伊東玄朴《げんぼく》らが安政五（一八五八）年、神田お玉ケ池の地、現在の岩本町二丁目あたりに設立した。和泉橋の南側にあったわけで、水天宮通りの岩本町二丁目角に種痘所跡の碑が立っている。

お玉ケ池の名は、その昔、池があってそこにお玉という美女が身投げをしたために その名が付いたとも、あるいは「溜《たま》り池」が転訛《てんか》したともいわれている。いずれにしろ、昔、この付近一帯は低湿地だったらしく、沼や池があったのだろう。それも江戸の市街地開発とともに次第に埋め立てられ、幕末には地名だけになってしまった。

まして、いまのビル街からは池を想像することはとてもできない。

火除《ひよ》けの神なら秋葉原《あきはばら》

ＪＲ秋葉原《あきはばら》駅西側の外神田一帯は、電気機器の販売店が密集し、外人観光客がバスで大挙して訪れるほど繁盛《はんじょう》している。「アキハバラ」の名は、いまや世界的といっても大げさではないが、秋葉原の地名は大火事がきっかけで誕生した。

その火事とは明治二年十二月十二日午後十一時頃発生したもので、『武江年表』に次のような記述がある。「同十二日亥《い》下刻、神田相生町《あいおうちょう》指物師金二郎宅より出火、同二丁目、麹町《こうじまち》平河町代地、相生町、松永町、亀住町、花田町、田代町、山本町等焼亡。長さ二町半、幅二町程なり」

この結果、焼け跡は火除地《ひよけち》となった。同書は明治三年の項に、そのことも記している。「去年十二月、外神田類焼、町の内、神田相生町外十ケ町、正月中御用地に召上げられ、右の場所一万二千余坪の所、除火の為塁地《ためあきち》に成し置かれ、其《そ》の中央より東の方へ寄り鎮火の社御創建に成る」

火除地に防火の神社が創建され、その名をずばり「鎮火社」といった。神社の鎮座した地域は明治七年、花岡町と名付けられ、現在も秋葉原駅東側にある。どこにも「秋葉」の名はない。ところが「世人、当社を鎮火の社と号せらるゝをもて、子細を弁ぜずして遠州秋葉山の神を勧請《かんじょう》ありしと心得て、参詣《さんけい》のもの秋葉山権現《ごんげん》と称《とな》へて拝する人まゝあり」（同書）ということになってしまった。つまり、鎮火社と秋葉山の祭神とは別なのだが、世間では火除けの神なら秋葉権現だろうと勝手に思い込んでしまったというのである。

そこでいつの間にか、火除地を「秋葉ケ原」とか「秋葉の原」とかいうようになった。だから、その呼び方は本来「アキハ」ではなく「アキバ」が正しい。現在の呼び方は旧国鉄の駅名が一般化してしまったためのようである。

秋葉原の名は、だから誤解が誤解を呼んで生まれたようなものである。しかも、それを町名としているのは駅のある千代田区ではなく、隣の台東区だから話はややこしい。

秋葉原電気街

今や1000軒以上の電気店が集まる秋葉原。そのルーツは，終戦後，神田須田町にあったラジオ部品の露店街にあった。当時，庶民の最高の娯楽だったラジオは組立式で，その作業を担う復員学生たちの部品調達の場が，この須田町だったのだ。その露店街が1951（昭和26）年，GHQによる露店の一斉撤去命令により，秋葉原駅の高架下に移転，拡大していった

秋葉原の最新情報は「秋葉原公式ホームページ」で。
http://www.akiba.or.jp/

お茶の水、神田川、聖橋《ひじりばし》

東京が水辺の町であることが見直され、河川の浄化と橋梁《きょうりょう》の化粧直しが進められている。それでなくては、伝統の川開きや七彩の花火の宴に画竜点睛《がりょうてんせい》の美を欠くことになる。

お茶の水の地名も、この地から滾々《こんこん》と湧《わ》きでる水が将軍のお茶の用水にされたことから出ている。名泉にふさわしく、鬱蒼《うっそう》と老樹のしげる崖《がけ》が神田川を見おろし、江戸時代の漢学者はここを茗渓《めいけい》と名づけて、四季の風雅を楽しんだ。

成長するにつれて、オボコ、イナ、ボラと名の変わる出世魚ではないが、神田川の名も流れにつれて呼び名が変わった。武蔵野《むさしの》台地の井の頭池・善福寺池・妙正寺池から発した三筋の川が新宿区下落合で合流し、東へ進むにしたがって、神田上水、江戸川、そして神田川と変化する。これが神田川の名称で一本化されたのは、昭和四十年の河川法改正後である。だから『江戸名所図会《ずえ》』には、こう書いてある。

お茶の水　神田川

聖橋

千代田区神田駿河台
最寄駅：JR・地下鉄丸の内線「御茶ノ水駅」
震災復興橋梁のひとつ。山田守が設計し，1927 (昭和 2) 年に完成した

「神田川　江戸川の下流にして、湯島聖堂の下を東へ流れ大川に入る。……慶長年間、駿河台《するがだい》の地闢《ひら》けし時に至り、水府公（水戸藩主）の藩邸（後楽園）の前の堀を、浅草川へ掘りつゞけられ、その土を以《もっ》て土堤《どて》を築き、内外の隔《へだて》となし給ふと云《い》ふ」

つまり、神田川は市民の暮らしの水路であると同時に、江戸城の防衛線でもあった。

三田村鳶魚《えんぎょ》『江戸ッ子』によると、お茶の水は「高林寺《こうりんじ》の境内の井戸で、この寺は明暦三年の火事後は駒込《こまごめ》へ移りました。あの名井は万治（四代家綱の時代）の神田川掘割の時には、水際《みずぎわ》へ僅《わず》かに形跡を残しましたが、享保《きょうほう》の河身改修で全く水底に没して了《しま》いました」とある。

お茶の水は地名に残るだけだが、お茶の水橋や聖橋《ひじりばし》の架かる神田川の水辺は都心のオアシスとして生き続けている。現在の橋はいずれも大震災後に架けられたもので、聖橋の名は北の湯島聖堂、南のニコライ堂を結ぶことにちなんで、公募の中から選ばれた。

駿河台《するがだい》に鳴るニコライの鐘

ＪＲ御茶ノ水駅東口を出るとすぐ目につくのが、ニコライ堂の大きな青いドームである。やはりこの界隈《かいわい》にある神田明神、湯島聖堂とともに、新東京百景の一つに選ばれた異色の建物である。正式には、日本ハリストス正教会の東京復活大聖堂といい、ギリシャ正教の日本における本山といえる。

幕末の文久元（一八六一）年に来日、以来五十年にわたって布教活動を行ない、ついに日本の土となったニコライ大主教が明治二十四年から七年かかって建立した。工事監督は、イギリス人の建築家コンドルだった。関東大震災で破損し、昭和四年に復興した。

火曜日〜土曜日の午後一時〜四時、一般の参観ができるが、毎年一月には「洗礼祭」（神現祭）が行なわれる。これは、イエス・キリストがヨルダン川で洗礼し、神となって水を成聖した故事に由来する儀式である。

教会の境内に大きな氷の十字架をまつった祭場が設けられ、午前十時、ニコラ

ニコライ堂

ニコライ堂

千代田区神田駿河台 4-1-3　最寄駅：JR・地下鉄丸の内線「御茶ノ水駅」，千代田線「新御茶ノ水駅」

笹巻けぬきずし総本店

千代田区神田小川町 2-12　電話 03-3291-2570

聖橋から本郷通りを下る。俵型の寿司を笹で巻いた形は，戦国時代の武士の携行食に想を得て生み出されたという。創業 1702（元禄 15）年は，現存する寿司屋の中で最も古い

イの鐘が鳴り渡ると、聖堂で厳かな祈禱《きとう》が始まる。その後、主教・神父を先頭に信徒などの参拝者が行列を組んで祭場に向かい、全員で敬虔《けいけん》な祈りを捧《ささ》げる。主教が聖書を読み、手に持つ十字架を桶《おけ》の水に浸して聖水とする。信徒は水を飲み、心身を清浄にして健康と幸福を祈る。

このニコライ堂や明治大学などがある一帯が「駿河台」である。江戸時代は大久保彦左衛門など旗本の屋敷があった。

もともとは神田明神が鎮座する神田山と一続きの丘陵だったが、家康が江戸の街造りのために二万石以上の大名に命じて丘の土を削らせ、現在の新橋付近まであった海を埋め立てさせた結果、神田山と分かれた。

駿河台の名の起こりを『江戸名所図会《ずえ》』は「この所より富士峰を望むに掌上《しょうじょう》に視るが如《ごと》し。故《ゆえ》にこの名ありといへり」と記すと共に、駿河勤番だった家臣に与えられた土地だからとの説を紹介しているが、後者のほうが妥当のようだ。

旗本屋敷町、駿河台《するがだい》の有名人

江戸時代を通して旗本の屋敷地だった神田駿河台に住んでいた有名人といえば、まず真っ先に大久保忠教《ただたか》の名が挙げられる。通称彦左衛門のほうが通りのいい、時代劇のあの名物旗本である。三河以来の幕臣で家康、秀忠、家光の三代に仕え、『三河物語』を書いた。

ずっと下って幕末になると、小栗上野介忠順《おぐりこうずけのすけただまさ》がいる。動乱期に才能を発揮した人物で外国奉行、勘定奉行、軍艦奉行、海軍奉行、陸軍奉行など数々の幕府要職を歴任した。万延元（一八六〇）年には、外国奉行新見正興に従って幕府最初の遣米使節の一員として渡米、通商条約批准《ひじゅん》交換の任を務めた。帰国後には外国奉行になって、ロシア軍艦の対馬《つしま》占領事件の交渉にも当たった。

親仏派だった忠順は、このほかにもフランスの援助を得てさまざまな幕政・軍政の改革を計画、実行した。しかし、その最期《さいご》は哀れだった。幕軍が敗れた鳥羽・伏見の戦の後も強硬に主戦論を主張した忠順は、結局、慶喜《よしのぶ》に免職されて知

甲賀坂

大久保彦左衛門屋敷跡

千代田区神田駿河台 1-8

明大通りに面した杏雲堂病院の植込みに隠れている

大田蜀山人終焉の地

千代田区神田駿河台 4-6　最寄駅：JR・地下鉄丸の内線「御茶ノ水駅」，地下鉄千代田線「新御茶ノ水駅」

行地の上州権田村にひきこもったが、官軍によって斬罪《ざんざい》となった。明治元（一八六八）年のことで、数えで四十二歳だった。

この小栗上野介の屋敷があったところは、いまの主婦の友社から東京YWCA付近と伝えられる。また、大久保彦左衛門もこの付近に住んでいた。

主婦の友社と東京YWCAの門の東西に通じるゆるやかな坂道には「甲賀坂」の名が付いている。昔、甲賀組の者が多く住んでいたから付けられたともいうが、駿河台は台地だけに坂が多い。このほかにも雁木《がんぎ》坂、紅梅坂、池田坂などがある。

JR御茶ノ水駅聖橋《ひじりばし》口と本郷通りをはさんではす向かいに建っている日立製作所のビル付近は、狂歌で名高い大田南畝《なんぽ》（蜀山人《しょくさんじん》）の終焉《しゅうえん》の地である。

文人であり、幕臣でもあった蜀山人は晩年の十年余この地に住み、文政六（一八二三）年、〈生き過ぎて七十五年くひつぶし　限り知られぬ天地《あめつち》の恩〉という辞世を詠《よ》んで他界した。

水道橋は神田上水の懸樋《かけとい》

「水道橋」と聞くと、すぐプロ野球・読売巨人軍のホームグラウンド後楽園球場を思い浮かべた人が多かった。事実、JRや地下鉄の水道橋駅は後楽園スタジアム、いまは東京ドームの最寄り駅であり、水道橋の名はそれによって全国的に鳴り響いた。では、〝本物〟の水道橋はといえば、JR水道橋駅のお茶の水寄り口を出るとすぐの橋である。

「小川町より小石川への出口、神田川の流れに架《わた》す。この橋の少し下の方に神田上水の懸樋《かけとい》あり、故《ゆえ》に号《な》とす。……万治の頃まで、駒込《こまごめ》の吉祥寺この地にあり。その表門の通りにありしとて、この橋の旧名を吉祥寺橋ともいへり」

『江戸名所図会《ずえ》』が記すように、橋のややお茶の水寄りに上水道の樋がかかっていたところから、その名がついた。この樋は『図会』の挿し絵にも描かれており、明治三十四年まで実際に飲み水として使っていたという。

「水道の水を産湯《うぶゆ》につかった」ことは江戸っ子の自慢の一つだったが、実際に江

お茶の水ヨリ神田川

東京都水道歴史館

文京区本郷 2-7-1　電話 03-5802-9040

最寄駅：JR・地下鉄都営三田線「水道橋駅」

開館 9：30〜16：30　年末年始休館

隣の給水所公苑には，神田上水石樋が復元・展示されている

戸の街には上水道が四通八達していた。『江戸自慢』によると「玉川上水の源は甲州より出て、六合（郷）の渡りに至りて海に落つ。麻布、赤坂、市谷、四谷門外、桜田、芝辺《あたり》、此《この》水を用ゆ。神田上水は猪《い》（井）の頭《かしら》より流れ出、淀橋《よどばし》辺にて玉川上水と落合、小石川、本郷湯島、神田、下谷辺、此水を用ゆ」ということで、幕末の給水状況がわかる。

玉川、神田両上水道のうちでは神田のほうが歴史が古く、江戸開府直後に家康がその開発を家臣の大久保藤五郎忠行に当たらせた。水道橋の懸樋は、この神田上水を神田方面に給水する重要な幹線だった。

どうして江戸の街に上水道が発達したのかといえば、一口にいうと地下水の水質が悪かったからにほかならない。江戸の市街地は多く海を埋め立てて造られた。だから井戸を掘っても塩水が出てくるだけで使いものにならなかった。江戸っ子の自慢も、裏を返せば自然の水に恵まれなかったことの証明である。飲料水の苦労は、大東京のいまも続いている。

今は昔の三崎三座

ＪＲ水道橋駅の南側に広がる三崎町《みさきちょう》の「三崎」は、江戸時代以前からの古い地名である。東京歯科大学西側に鎮座する三崎稲荷《いなり》の三崎神社（三崎町二丁目）は鎌倉時代以前の創建と伝えられ、元は和田倉にあったのを鎌倉幕府が三崎村に遷《うつ》したという。下って万延元（一八六〇）年幕府が軍制改革のために講武所を設置したとき、水道橋のたもとの堤防上に遷った。さらに明治三十八年、甲武鉄道（現在のＪＲ中央線）の延長で現在地に移転した。

講武所、正式には「小川町講武所」は現在の三崎町二、三丁目に当たり、明治維新後は練兵場となった。明治二十三年にはそれが三菱のものとなり、住宅地として開発されるが、ここには後に「三崎三座」と呼ばれる劇場が次々に建って、一時は芝居町として栄えた。

最初に建ったのは、明治二十四年六月に開場した三崎座である。いわゆる小芝居の小屋としてスタートしたが、一時期、その頃では珍しい女優劇の芝居小屋と

三崎神社

三崎神社

千代田区三崎町 2-9-12　電話 03-3261-1849

最寄駅：JR・地下鉄都営三田線「水道橋駅」

徳川家光が大名の参勤交代制を定めた時，諸大名に参詣を促したとされる。大名たちは江戸入りすると，まずここに詣で心身を祓い清めた。また，国元に帰る時もこの神社で道中の安全を祈った

して評判をとった。大正四年、神田劇場と改称、関東大震災で焼けたが復興、太平洋戦争の戦災で焼けるまで存続した。

明治二十九年七月、三崎座の斜め前に開場したのが川上座である。その名でわかるように、現在の新派の祖・川上音二郎の本拠だった。三十四年、改良座と名が変わり、その二年後に火事で焼け、再建されなかった。『東京名所図会《ずえ》』に「明治二十六年大倉喜八郎氏。壮士俳優川上音二郎の為《ため》に着手したる者にて」とある。大成建設の創始者大倉喜八郎は、後に帝国劇場の建設にも深く関係したように、文化活動への理解が深かった。

三崎、川上両座は現在の三崎町二丁目にあったが、東京座は明治三十年三月、三丁目に開場した。舞台開きには明治切っての名優九代目市川団十郎が出演、その後も大芝居として名をはせ、さらに新しい脚本も上演して劇界に新風を吹き込んだが、大正四年十二月で廃座となった。今は昔の三崎三座である。

江戸東京物語　都心篇＊年譜

※〔　〕内数字は本文該当頁

神話の時代		日本武尊、蝦夷の来襲に備えて「霞が関」を設ける〔201〕
七三〇	天平二	神田明神創建〔278〕
九四〇	天慶三	平将門、天慶の乱で討死。その首は、京都から一夜で東へ飛び去り、神田明神（現・神田神社）に祭られる〔188〕
一四五七	長禄元	太田道灌、江戸城築城〔231〕
一四七八	文明一〇	道灌、平河天神社を創建〔251〕
一五九〇	天正一八	徳川家康、江戸入府〔284〕。小石川上水（のちの神田上水）を造営
一六〇〇	慶長五	関が原の戦い。蘭リーフデ号船員ヤン・ヨーステン日本漂着、家康に謁見〔146〕
一六〇三	慶長八	家康、征夷大将軍に。最初の日本橋、架橋〔16〕。神田明神、駿河台に移転〔278〕
一六〇四	慶長九	家康、江戸城造営を開始〔233〕。日本橋を基点とする五街道の整備を開始〔16〕
一六〇七	慶長一二	金春家、観世太夫とともに江戸で能を演じる〔92〕

一六一二	慶長一七	幕府、銀貨鋳造の銀座役所を駿河から現在の銀座の地に移設〔71〕
一六一三	慶長一八	家康、摂津の漁師を佃島に移住させ、江戸湾での漁の特権を与える〔137〕
一六一五	元和元	山王日枝神社の山車、江戸城内に入り、将軍の上覧に供する。天下祭り・山王祭のはじめ〔248〕
一六一六	元和二	神田明神、現在の湯島台に移転〔278〕
一六一七	元和三	現在の日本橋人形町界隈に「吉原」開設〔47〕
一六二四	寛永元	霊巌上人が霊巌寺を建立〔44〕。中村勘三郎、現在の京橋で歌舞伎芝居を初めて興行〔68〕
一六二七	寛永四	金春家、銀座に屋敷を拝領〔92〕。
一六三七	寛永一四	島原の乱（〜三八）
一六五七	明暦三	明暦の大火〔289〕。このころ江戸の人口約三〇万人に
一六七三	延宝元	三井高利、日本橋に「越後屋」（三越の前身）を開く〔31〕
一六八五	貞享二	五代将軍・綱吉、生類憐れみの令を発令
一六八六	貞享三	神田多町に青物市場できる〔289〕
一七〇一	元禄一四	江戸城松の廊下で、浅野内匠頭長矩が吉良上野介義央に刃傷〔242〕

一七〇二	元禄一五	赤穂浪士、吉良邸に討ち入り〔244〕
		元禄時代、江戸の人口約一〇〇万の「天下一の都市」に。またこの頃「うなぎの蒲焼」誕生〔121〕
一七一一	宝永八	江戸の時の鐘のひとつ、「石町の鐘」改鋳。いまなお現役のまま保存されている〔37〕
一七一七	享保二	大岡越前守忠相、南町奉行に
一七二八	享保一三	八代将軍・吉宗、象を飼い始める〔249〕
一七四一	寛保元	播州細川家のお家騒動を描いた『播州皿屋敷』初演
一七四四	寛保四	神田に天文台設置
一七四八	寛延元	竹田出雲『仮名手本忠臣蔵』初演
一七六七	明和四	田沼意次、側用人に就任。七二（安永六）年、老中に
一七七四	安永三	前野良沢、杉田玄白ら『解体新書』刊行〔127〕
一七八七	天明七	天明の打ちこわし。松平定信、老中首座に就任。寛政の改革
一七九〇	寛政二	火付盗賊改方・長谷川平蔵の建言で「石川島人足寄場」設置〔142〕
一八〇二	享和二	十返舎一九『東海道中膝栗毛』刊行開始
		文化・文政期、江戸の人口一三〇～四〇万に

一八一八	文政元	九州久留米の有馬氏、水天宮を芝赤羽の三田藩邸に分社〔61〕
一八一九	文政二	塙保己一『群書類従』正編刊行完了〔261〕
一八二三	文政六	大田南畝（蜀山人）、駿河台にて没す〔319〕
一八三四	天保五	水野忠邦、老中に就任。天保の改革に着手。『江戸名所図会』刊行開始（〜三六）〔29〕
一八三五	天保六	護持院原で親の仇討ちがあり、江戸中の評判に（のちに森鷗外が『護持院原の敵討』として小説化）〔283〕
一八三七	天保八	大塩平八郎の乱
一八四〇	天保一一	遠山左衛門尉景元、北町奉行に〔197〕
一八四一	天保一二	渡辺崋山、数え四十九歳で自刃〔256〕
一八五三	嘉永六	ペリー来航。歌舞伎『与話情浮名横櫛』初演〔51〕。徳川斉昭、石川島に日本最初の洋式造船所を建設（のちに石川島播磨重工業へと発展）
一八五四	安政元	日米和親条約締結
一八五五	安政二	三月、江戸城本丸の御金蔵から四千両が盗まれる〔239〕。十月、安政の大地震

一八五七	安政四	一石橋に「満よい子の志るべ」が登場〔21〕。歌川広重「名所江戸百景」
一八五八	安政五	井伊直弼、大老に。安政の大獄（翌五九年、吉田松陰ら日本橋伝馬町の牢屋敷にて没す）〔37〕。神田お玉ヶ池に種痘所設立〔307〕。福沢諭吉、鉄砲洲に「福沢塾」創立〔122〕
一八六〇	万延元	桜田門外の変で大老井伊直弼、暗殺される〔203〕
一八六六	慶応二	安田善次郎、日本橋小舟町に安田商店（富士銀行の前身）を開く〔32〕
一八六七	慶応三	第十五代将軍・慶喜、大政奉還。「ええじゃないか」の流行
一八六八	慶応四	戊辰戦争はじまる（〜六九）。上野彰義隊の乱。前島密の「江戸遷都」建白。「江戸」を「東京」に改称〔153〕
	明治元	明治と改元。小栗上野介、斬罪に〔319〕。外国人専用ホテル「築地ホテル館」完成（一八七二年焼失）〔130、170〕
一八六九	明治二	招魂社創建、一八七九年に靖国神社と改称〔265〕。「秋葉原」誕生のきっかけとなる大火発生〔308〕
一八七〇	明治三	木戸孝允、招魂社に初めて桜を植える〔268〕

一八七一	明治四	廃藩置県により東京府設置。東京・大阪間で新式の郵便制度がスタート。
一八七二	明治五	東京初の日刊紙「東京日日新聞」（後の毎日新聞）創刊。新橋・横浜間に鉄道開通。東京大火、銀座・築地周辺を焼き尽くす。銀座煉瓦街誕生のきっかけに〔23、80〕。水天宮、芝赤羽から現在の蛎殻町に移転〔61〕。資生堂創業〔97〕
一八七三	明治六	五月、皇居火災、明治二十一年に復興〔193〕。第一国立銀行創設（頭取・渋沢栄一）〔43〕。久松町に明治座の先祖「喜昇座」開場〔53〕。初代・万世橋が神田川に開架〔299〕
一八七四	明治七	右大臣・岩倉具視、喰違見附で襲われる〔259〕。東京警視庁発足、大警視に川路利良〔208〕。銀座煉瓦街完成、ガス灯も点く〔82〕
一八七五	明治八	木村屋総本店の初代木村安兵衛、「あんぱん」を明治天皇に献上〔101〕
一八七七	明治一〇	西南戦争。上野で第一回内国勧業博覧会。現在も残る常盤橋、日本橋本石町に開架〔25〕

一八七八	明治一一	紀尾井坂の変で、大久保利通暗殺〔223、259〕。兜町に東京株式取引所（現・東京証券取引所）開業〔43〕。東京府十五区六郡に編成
一八八〇	明治一三	明治十二年に開場した久松座（のちの明治座）、火事で焼失〔55〕
一八八二	明治一五	日本銀行開業。銀座のガス灯、電灯に。伝馬町牢屋敷跡に大安楽寺建立〔37〕
一八八三	明治一六	「佃の渡し」定期便を大倉組が始める〔139〕。鹿鳴館、薩摩藩邸跡（現・大和生命本社ビル）に落成〔167〕
一八八四	明治一七	九月、神田祭りが大嵐に見舞われ、一八九一（明治二四）年から五月に開催〔189〕
一八八五	明治一八	久松座、座名を千歳座と改めて開場〔55〕
一八八七	明治二〇	植村正久、一番町教会を設立〔273〕。日本橋浜町で花井お梅の箱屋殺し。のちに『明治一代女』として歌・映画に〔62〕。千歳座（のちの明治座）が、日本の劇場で初めて電灯を使用〔58〕
一八八八	明治二一	明治六年、火災にあった皇居が復興〔193〕、現在の二重橋お目見え〔238〕

一八八九	明治二二	大日本帝国憲法公布。東京市が発足。銀座木挽町に歌舞伎座、完成〔112〕
一八九〇	明治二三	千歳座、火事に〔55〕。三菱の二代目岩崎弥之助、丸の内周辺を払い下げ〔155〕。初代・帝国ホテル完成〔172〕
一八九一	明治二四	日本水準原点標庫設置〔229〕。三崎三座のはじめ「三崎座」開場〔323〕。ニコライ堂建築開始〔314〕
一八九三	明治二六	大村益次郎の銅像、九段に完成〔263〕。千歳座、明治座と改称して復興、座主に市川左団次〔56〕
一八九四	明治二七	日清戦争（〜九五）。ＹＭＣＡ会館、神田美土代町に開館〔293〕
一八九六	明治二九	三崎三座のひとつ、川上音二郎の本拠地「川上座」完成〔325〕
一八九七	明治三〇	神田の錦輝館でバイタスコープ（活動写真）公開〔181〕
一八九八	明治三一	フランスの映画技師、日本各地で映画撮影
一九〇〇	明治三三	滝廉太郎「花」作曲〔261〕
一九〇一	明治三四	神田上水の飲用廃止〔320〕
一九〇二	明治三五	資生堂パーラー開店

一九〇三	明治三六	日本初の洋風公園、日比谷公園開園〔176〕。新橋・品川間に市電開通
一九〇四	明治三七	日露戦争（〜〇五）。日本初の〝百貨店〟三越呉服店誕生
一九〇九	明治四二	森鷗外、短編『大発見』を発表〔212〕
一九一〇	明治四三	赤レンガの近衛師団司令部建設〔271〕
一九一一	明治四四	帝国劇場、日本初のオール椅子席の西洋風劇場として日比谷通りに開場〔164〕。日本橋、現在のルネサンス式に〔16〕
一九一三	大正二	築地の梁山泊と異名をとった「喜楽」、「新喜楽」と改名〔133〕。森鷗外『護持院原の敵討』を発表〔283〕
一九一四	大正三	第一次世界大戦勃発。辰野金吾設計の東京駅開業〔148、151〕
一九一六	大正五	岡本綺堂作『番町皿屋敷』、本郷座で初演〔261〕
一九二三	大正一二	二月、丸の内ビルヂング完成〔161〕。六月、耐震建築第一号の日本興業銀行ビル完成〔185〕。八月、ライト設計の二代目帝国ホテル完成〔173〕。九月、関東大震災〔290〕。十二月、魚河岸が日本橋から現在の築地に移転〔117〕
一九二五	大正一四	治安維持法公布。東京放送局（のちのNHK）ラジオ放送開始

一九二七	昭和二	日本初のトーキー映画、皆川芳造『黎明』公開〔181〕。初の地下鉄、上野・浅草間に開通。聖橋架橋〔313〕。鏑木清方、美人絵三部作のひとつ「築地明石町」を描く〔115、125〕
一九二八	昭和三	神田多町の青物市場、移転〔289〕。資生堂パーラー、出雲町角（現・八丁目）に移転〔97〕。泉鏡花『日本橋』発表〔20〕
一九二九	昭和四	今和次郎（建築学者）著『新版大東京案内』〔95〕
一九三〇	昭和五	二代目・万世橋、完成〔299〕。東京市長・永田秀次郎、「銀座の柳」植樹式〔87〕。このころ、銀座・若松が初めて「あんみつ」を売り出す〔98〕。鏑木清方、美人絵三部作「新富町」「浜町海岸」を描く〔115〕
一九三一	昭和六	満州事変。羽田空港完成。丸の内に吉田鉄郎設計の東京中央郵便局竣工〔184〕
一九三二	昭和七	四谷文子「銀座の柳」（作詞：西条八十、作曲：中山晋平）〔87〕。五・一五事件。周辺町村を合併し、三十五区の大東京市誕生。人口五五一万人は世界第二位。服部時計店（現・和光）のビル、銀座四丁目に完成

一九三三	昭和八	東京中央郵便局営業開始〔184〕
一九三四	昭和九	東京宝塚劇場、少女歌劇で開場。日比谷映画劇場完成〔181〕
一九三五	昭和一〇	芥川賞・直木賞創設〔131〕。映画『明治一代女』〔62〕
一九三六	昭和一一	二・二六事件。国会議事堂落成〔218〕
一九三七	昭和一二	日中戦争開戦。銀座「みゆき通り」命名〔79〕
一九四〇	昭和一五	皇紀二六〇〇年祭。鹿鳴館、解体される。勝鬨橋、完成〔135〕
一九四一	昭和一六	十二月、太平洋戦争はじまる
一九四三	昭和一八	東京府・東京市を廃止し東京都に。万世橋駅、廃止〔298、301〕
一九四五	昭和二〇	三月東京大空襲。八月終戦
一九四六	昭和二一	日本国憲法公布
一九四七	昭和二二	東京二十三区に
一九四八	昭和二三	笠置シヅ子「東京ブギウギ」（同名の映画も）
一九四九	昭和二四	銀座を囲む三十軒堀川を埋め立て〔107〕
一九五〇	昭和二五	朝鮮戦争はじまる。美空ひばり「東京キッド」（同名の映画も）
一九五一	昭和二六	サンフランシスコ講和条約締結。銀座夜の露天、この年の大晦日を以って百年の歴史に幕〔105〕

一九五二	昭和二七	GHQ廃止。永楽ビル完成〔161〕。NHKラジオ『君の名は』放送開始〔89〕
一九五三	昭和二八	テレビ放送開始。『君の名は』三部作、映画化（主演：佐田啓二、岸恵子）〔89〕。映画『東京物語』（小津安二郎監督）
一九五四	昭和二九	映画『ゴジラ』。春日八郎「お富さん」〔50〕
一九五六	昭和三一	「もはや戦後ではない」（経済白書）。国連加盟。江戸開都五〇〇周年、太田道灌像完成〔230〕
一九五七	昭和三二	丹下健三設計の都庁、有楽町に完成〔230〕。フランク永井「有楽町で逢いましょう」（翌年、同名の映画も）
一九五八	昭和三三	大手町ビル完成〔188〕。数寄屋橋、外堀の埋め立てで姿消す〔89〕。東京タワー完成〔187〕
一九五九	昭和三四	皇太子明仁親王ご成婚
一九六〇	昭和三五	安保闘争
一九六四	昭和三九	東海道新幹線開通。東京オリンピック開催。ホテルニューオータニ完成〔257〕。「佃の渡し」廃止〔137〕
一九六六	昭和四一	ビートルズ、武道館で公演

一九六七	昭和四二	美濃部亮吉東京都知事に。都電18路線を廃止
一九六八	昭和四三	東京百年祭。初の超高層ビル、霞ヶ関ビル完成
一九六九	昭和四四	大学紛争。映画『男はつらいよ』（監督：山田洋次、主演：渥美清）シリーズ開始
一九七〇	昭和四五	三島由紀夫事件。勝鬨橋、「開かずの橋」に〔135〕
一九七二	昭和四七	沖縄の日本復帰。日中共同声明
一九七三	昭和四八	オイルショック
一九七六	昭和五一	ロッキード事件
一九七八	昭和五三	新東京国際空港開港
一九八二	昭和五七	「新東京百景」選定
一九八六	昭和六一	東京サミット開催
一九八七	昭和六二	ＪＲ七社発足。日本劇場が有楽町マリオン、日比谷映画劇場が日比谷シャンテに〔179〕。中央区、区の木を柳に〔87〕
一九八八	昭和六三	東京ドーム誕生〔320〕
一九九一	平成三	都庁、有楽町から新宿に移転。『君の名は』、ＮＨＫ朝の連続テレビ小説でリバイバル（主演：倉田てつを、鈴木京香）

一九九三	平成五	皇太子徳仁親王ご成婚。芝浦埠頭とお台場を結ぶレインボーブリッジ完成
一九九五	平成七	青島幸男都知事就任、世界都市博覧会を中止に。地下鉄サリン事件。新橋・お台場間に「ゆりかもめ」開通
一九九九	平成一一	石原慎太郎、都知事に
二〇〇〇	平成一二	有楽町「そごう」閉店。十二月、地下鉄都営「大江戸線」開通。この年、東京都の人口一一八二万人

本文ガイド・年表作成／長野隆人
写真／菅野健児
地図／綜合精図研究所

解説

山本夏彦

どんな人の頭のなかにも「他人」(第三者)がいる。私はそれをながが年養ったせいで、その他人が増長《ぞうちょう》して、とうとう私のなかなる「当人」を追いつめ、追いだして、今このていたらくですとその対談の席上言ったら、初対面の平島治《おさむ》は笑った。平島治と言っても知るまいが、世界でも一流のゼネコン大成建設(株)の平成十年十一月現在社長、いま会長である。

私は「週刊新潮」に「夏彦の写真コラム」を連載して二十年あまりになる。その欄にゼネコンがスキャンダルをおこしたとき、世間はゼネコンを知らないと書いた。大成建設、清水建設、間組《はざまぐみ》以下の大工務店の名なら知っているが、それ以上は知らない。しきりにビル建設をしているから、土建屋の親玉らしいとは思っても「失礼かな」と口に出してはいわない。ビルはもとよりトンネル、ダム、港湾、空港を建設している大企業で、国内ばかりか海外にも進出しているといわれて、そうかとうなずく程度である。

世界的な大企業のわりにPRが足りない。土木が最も足りない。当人は大金を使って

PRしているつもりだが、世間が知らないのだから下手なのである。だから私がコラムに「ゼネコンはやっぱり土建屋」と書いたとき、並の社長なら怒るところ、平島治は幹部一同に示して世間はやっぱり土建屋だと見ているのだぞと言って笑ったと聞いた。

これが縁で平島社長はさかのぼって私の旧著の熱心な読者になったという。すなわち自分のなかに他人がいて、その発言に耳を傾ける人だと分って、それなら私の子分《こぶん》(注・この点に限って)だと喜んで、その対談の席にのぞんだのである。もっとも私は悪くばかりは書いてない。

ぜんたいとしてPRは下手だが、豆PRにはいいのがある。ことに「タワークレーン」、江戸から東京にかけての土木建築のエピソードを点綴《てんてい》した豆広告は秀逸である。戦前、矢田挿雲《そううん》に「江戸から東京へ」・(全九巻、中央公論社より一九八一年に新装版刊行)という大著があった。その超ミニチュア版、一回二枚のPRだと思えばいい。連載は昭和五十七年から始まって今日に及んでいる。

短いからつい読ませる。この種のものに以前、月刊文芸春秋に「東電俳句」があった。今は週刊文春に「東電《TODEN》川柳」(時実新子選)がある。トーデンと冠するだけで、投書子は東電をその句に折込む義務は全くない。俳句や川柳の投書家が、入選か落選か一喜一憂して見る欄で、ほかの読者もつい読むから結局、東京電力のよい広告になっている。

それというのもアメリカ人は広告に寛容だが、日本人は容赦しないからだ。レイアウトが本文そっくりなので、つい面白く読んで欄外に（PRのページ）とあるのを発見すると、にわかに不機嫌になる読者が多い。そのいやがる読者にPRを読ませた筆力をほめてやっていいのに、だまされた気分になるのである。

うろ覚えでまちがっていたら謝るが、その例なら大正末か昭和初年にもあった。ミツワ石鹼《せっけん》本舗丸見屋が「ミツワ文庫」と題して、新聞の最下段に歌舞伎《かぶき》や新派の人気役者の芸談を一段分ずらりと載せたのである。まず初代吉右衛門《きちえもん》の顔写真を掲げ、今月の歌舞伎座で「寺子屋」の松王丸を相勤めます。首実検の場でぎらりと刀を抜く故人九代目（団十郎）の珍しい型を久々でお目にかけます。なぜこの型があるか云々《うんぬん》と、説いて最後にそれにつけても白粉《おしろい》おとしはミツワ石鹼に限ります。わたくしもなが年愛用しておりますと吉右衛門ばかりでなく、新派の喜多村緑郎《きたむらろくろう》も新国劇の沢田正二郎も皆々言うのがいかにも唐突で、いっそ愛嬌《あいきょう》になって少年の私は芸談のほうを愛読して、文末のそれにつけても以下の唐突ぶりを笑った。成功したのである。大成建設が文末のカッコ内に（大成建設）とだけ書いたのを見て、私はついこのミツワ文庫を思いだした。タイトルが「タワークレーン」で、文末が（大成建設）なら、それだけで自然に結びつくからこれでいいのである。

同感の読者があるとみえ「江戸東京物語」と題して、すでに単行本になっている。これはその第一巻の文庫版で、日本橋、銀座・築地、丸の内、神田・お茶の水界隈《かいわい》が納めてある。私の父は下谷根岸生れ、根岸は鶯《うぐいす》の里といわれ明治の末まで文人墨客の住んだ風流な土地だったが、それは続刊にはいってこの巻には入ってない。この巻はお江戸日本橋七つ立ちから始まって神田、お茶の水付近で終っている。

日本橋十軒店《じっけんだな》（のち本石町《ほんこくちょう》いま室町三丁目）は、私の母（明治十九年生）が生れ育った町である。旧幕のころから雛《ひな》人形、武者人形の名だたる店が十軒並んでいたから俗に十軒店といった。節供《せっく》ごとに東京中の人形屋が集って盛んな雛市がたった。母の実家の永徳斎の名は明治天皇のお妃《きさき》昭憲皇太后から頂いたと聞いた。その縁で長く宮内省御用を勤めた。永徳斎山川慶次郎は昭和三年まで存命だったから小学生の私はよく遊びにいった。私は誰にも愛されない子で、この二代永徳斎老人だけが唯一《ゆいいつ》の味方だった。

三月と五月の雛市の賑《にぎわ》いは江戸東京の名物だった。初代永徳斎は京都の次郎左衛門雛の高弟で、江戸支店をまかされ、そのまま日本橋に居ついた人である。二代目永徳斎（安政五年生、昭和三年没）は気性のはげしい人で名人といわれたが、優にやさしい雛人形には向かない。武者人形の方に向いている。大正の震災と昭和の戦災で人形の過半は焼け失《う》せたが、地方の素封家の屋敷にはいまだ残っているはずである。市の立つころははるばる地方から買いに来たからである。わが家にはたった一つ鍾馗《しょうき》が残っているが、幼いころの長男はこれを見て泣いた。やや長じても顔をそむけた。鍾馗は悪鬼をはらってくれる神だが、幼な子を泣かしちゃいけないねと私は笑ったおぼえがある。実弟の保次郎（元治元年生、昭和十六年没）が三代目を継いだが、打って変ってすこしとぼけたところのあるまことにおだやかな人で雛人形を作らせたら名人だった。

いま手もとにある大正九年ごろの地図を見ると永徳斎、玉翁《ぎょくおう》、玉慶、久月《きゅうげつ》、玉貞《ぎょくてい》、玉山の六軒が残っている。保次郎の死後、二代目の長男は大学出で永徳斎を継ぐ気もなく、才能もなかった。戦後まで店はあることはあったが、弟子たちの作を並べてそれも昭和二十八年に廃業した。十軒のうち今たった一軒残っているのは玉貞だけである。人形の久月、吉徳《よしとく》は早く浅草に去った。

日本橋十軒店に思わず手まどったが、何しろ八〇〇字二枚そこそこである。東京名物雛市の賑わいなんぞこんなにこまごま書いてあるわけではない。ただこの短いなかに古くは「江戸名所図会」、くだって明治の若月紫蘭《しらん》「東京年中行事」まで引いて至れり尽くせりである。懐《なつ》かしさのあまり思わずながなが書いた。

日本橋といえば、橋のたもとの帝国製麻（辰野金吾設計。煉瓦《れんが》造り、ライターみたいに平べったいので有名）、かつをぶし屋大和屋が僅《わず》かに旧態をとどめて戦前をしのばせていたが、いま見おぼえのあるのは三越正門前のライオンだけになった。

その三越はもとは駿河町三井呉服店、現金掛値なし、注文通り切り売りすると広告してそれまで大名旗本、裕福な商人相手だった商売を大衆相手に転じて大成功したことに触れている。大正三年、永井荷風は「日和下駄《ひよりげた》」のなかで東京市内至る処《ところ》で富士が見えた昔を懐かしんでいる。以下、「日本橋界隈」「丸の内・皇居界隈」から二、三拾ってみる。

明治座は初め喜昇座、久松座、千歳座とめまぐるしく名をかえ、明治二十六年やっと明治座に落ちついた。明治二十年八月初めて電灯を使ったと木村錦花の「明治座物語」にあるという。それまで喜昇座、久松座を別々の小屋だと思っていた私は一つ学問した。

丸の内の帝国ホテルの地盤は軟弱だった。日本贔屓《びいき》のライトは、この建築に精魂を傾け、長さ四・五メートルの松杭《まつくい》を打ち込み、それを引抜いたあとに鉄筋コンクリートを流しこんだ。ようやく落成したその披露宴の当日が大正十二年九月一日だった。幸いこの新建築はあの関東大地震に耐えた。ホテルにいささかの損傷なしと、大倉喜八郎は、すでにアメリカに帰ったライトに打電したという。

以上、「日本橋界隈」と「丸の内・皇居界隈」からの抜粋で、以上この付近だけでも記事は五〇項目をくだらない。知らないことを知るのは読書の楽しみの一つである。筆者は元読売新聞記者、庭野静雄、羽鳥昇兵の両氏とあるが並の記者ではない。この短文のために夥《おびただ》しい古本から逸話を拾って、挿雲の「江戸から東京へ」の超ミニチュア版であり、補遺にしている。私は本を読むのが遅いが、これは一日で読了した。

大成建設はただ提供にとどまって、すこしも広告臭がないのはこの集の取柄である。お察しの通り私は広告大好き人間である。新聞記事は給金をもらっている記者が書く。

記者は没書になることを最も恐れる。従ってドイツが破竹の勢いのときは目がくらんで日独伊防共協定を結べと書く、結べば米英を敵に回すぞとは書かない。デスクが没書にするからである。それは戦前のことで今は違うというだろうが、ソ連べったり、または中国べったりの記事を書くのだから同じことである。戦前はこうして新聞は国民をミスリードした。戦後も同じくするだろう。

ところが広告は広告主が書く。一字千金もらうのではない。払って書く。広告主はたとえば大成は大成々々と連呼したいだろう。それじゃ選挙の運動員である。東京電力も大成建設もＰＲの上乗に近づきつつある。まずはめでたいと言っていい。

（二〇〇一年七月、コラムニスト）

本書は、大成建設株式会社の提供で、一九八二年十一月より《週刊新潮》に掲載中の、庭野静雄、羽鳥昇兵両氏による連載コラム「タワークレーン」を新潮社が編集、一九九三年十一月に刊行されました。文庫化にあたり、大幅に増補改訂しています。

新潮文庫最新刊

村上春樹著
神の子どもたちはみな踊る

一九九五年一月、地震はすべてを壊滅させた。そして二月、人々の内なる廃墟が静かに共振する——。深い闇の中に光を放つ六つの物語。

小野不由美著
屍鬼（三・四・五）

深き闇の底から甦る「屍鬼」、その正体に気付いた者を襲う黒い影……。目を覆わんばかりの新展開、本当の恐怖はここから始まる。

北村薫編
謎のギャラリー —こわい部屋—

我とも思えぬ声で叫びたくなる恐怖から、じんわりと胸底にこたえる恐怖まで、圧巻、文句なしに第一級の〈こわさ〉が結集した一冊。

北村薫編
謎のギャラリー —愛の部屋—

思慕の切なさ、喪失の痛み、慈しみの心。時に全てを与え、時に全てを奪いさる〈愛〉の不思議。人生を彩る愛の形がきらめく一冊。

黒岩重吾著
女龍王 神功皇后（上・下）

水神の加護を受けて誕生し、比類なき呪力をもって古代日本に君臨した神功皇后。神秘と伝説に包まれた生涯を空前のスケールで描く。

一橋文哉著
三億円事件

戦後最大の完全犯罪「三億円事件」。焼け焦げた500円札を手掛かりに始まった執念の取材は、ついに海を渡る。真犯人の正体は？

新潮文庫最新刊

麻生幾著

封印されていた文書《ドシエ》
—昭和・平成裏面史の光芒 Part1—

あの事件には伏せられた事実がある！ 10大事件のトップ・シークレットを追い、当事者の新証言からその全貌と真相に迫る傑作ルポ。

ひろさちや著

歴史にはウラがある

日本の外交ベタは聖徳太子から始まった!? 秀吉に立派なヒゲがあったら……あなたの歴史観を心地よく揺さぶる〃井戸端歴史談義〃。

岩瀬達哉著

われ万死に値す
—ドキュメント竹下登—

死してなお、日本政治にくっきりと影を落とす政治家・竹下登の「功と罪」。気鋭のジャーナリストが元首相のタブーと深層に迫る。

「新潮45」編集部編

殺人者はそこにいる
—逃げ切れない狂気、非情の13事件—

視線はその刹那、あなたに向けられる……。酸鼻極まる現場から人間の仮面の下に隠された姿が見える。日常に潜む「隣人」の恐怖。

中村浩美著

旅客機大全

機体・エンジンの仕組みから機内サービス、空港の整備、事故防止策まで、日進月歩の空の旅を最新データを元に描き出す、航空百科。

T・クランシー
田村源二訳

大戦勃発 1

米の台湾承認を憤る中国政府は、通商交渉で強硬姿勢を崩さない。米国民の意識は反中国に傾く。苦悩の選択を迫られるライアン。

江《え》戸《ど》東《とう》京《きょう》物《もの》語《がたり》 都心篇《としんへん》

新潮文庫　し－22－25

平成十三年九月一日発行
平成十四年三月十日四刷

編者　新《しん》潮《ちょう》社《しゃ》

発行者　佐藤隆信

発行所　株式会社新潮社

郵便番号　一六二―八七一一
東京都新宿区矢来町七一
電話　編集部(〇三)三二六六―五四四〇
　　　読者係(〇三)三二六六―五一一一

価格はカバーに表示してあります。

乱丁・落丁本は、ご面倒ですが小社読者係宛ご送付ください。送料小社負担にてお取替えいたします。

印刷・株式会社精興社　製本・株式会社植木製本所

ISBN4-10-120825-5 C0121